いつまでも若さとエネルギーを失わない生き方

スピリチュアル・アンチエイジングで〈こころ〉と〈からだ〉の力を取り戻す

Comment prendre de l'âge tout en ayant beaucoup d'énergie

リズ・ブルボー
Lise Bourbeau
浅岡夢二 訳
Yumeji Asaoka

ハート出版

いつまでも若さとエネルギーを失わない生き方

Comment prendre de l'âge tout en ayant beaucoup d'énergie
(How to stay young and energetic as you get older)

感謝の言葉

ETC（ÉCOUTE TON CORPS＝〈からだ〉の声を聞く）が主催するワークショップや講演会に参加して、「どうしてあなたは、そんなにエネルギッシュなのですか？　どうすればあなたみたいに、それほど若くいられるのですか？」と、たびたび聞いてくださったみなさんに感謝いたします。あなた方のおかげで、私は自分を振り返って、自分のエネルギーがどこから来ているのかを意識することができました。

母に感謝いたします。彼女の段取りの素晴らしさ、そして多くの仕事を片づける能力を、私はずっと尊敬してきました。彼女に比べたら自分なんてたいしたことはないと思いながらも、それらの能力を育てられたのは、とても嬉しいことです。彼女は、いくつものお店を経営し、一人の子どもたちの服を縫い、毎日、温かい食事を作ってくれました。彼女は、私の理想の母親です。

私の三人の子どもたち――アラン、トニー、そしてモニカ――に感謝します。さらに、娘婿のジャン＝ピエール、嫁のディナ、姉妹のロレーヌ、従弟のマルク、最初の配偶者デイブ、現在の配偶者ジャック、ジャックの子どもであるマルクとクリスティーヌにも感謝いたします。私がどんな要求をしても、彼らは「ノー」と言ったことがありませんでした。彼らの絶えざる支援があったからこそ、私はこの人生で、これだけの計画を実現できたのです。彼らの愛、そして彼らの存在があってこそ、私はこれほどエネルギッシュでいられるのだと、つくづく思います。

ＥＴＣ出版の社長であるジャン＝ピエール・ガニョンとＥＴＣの取締役であるモニカ・シールズに感謝いたします。二人のおかげで、これほどたくさんの本を出すことができました。

ジュリー・ラベルに感謝いたします。彼女は、この本を本当に綿密に校正してくれました。

そして、私自身に感謝します。数多くの困難があったにもかかわらず、この「私」は勇気を持ち、大胆に、強い決意とともに、仕事をしてきたのですから。

私の素敵な読者である、あなた方にも感謝いたします。この本に興味を持ってくださって、ありがとうございます。あなた方がいるおかげで、私は引退せずに本を書き続け、そして書き上げるエネルギーを持つことができたのです。

リズ・ブルボー

はじめに

前著『五つの傷　癒しのメッセージ』を書いた時、これが私の最後の本になるだろうと思いました。というのも、そこには、私が言うべきことがすべて書かれていたからです。しかし、未来のことは本当に分からないものです……。ということで、この本（フランス語版）が私の二六冊目の本になりました。

私がいつまでも若いのを見て、「どうして？　その秘訣を教えて！」と、よく言われます。私は、いつも、「私の教えを実践しているだけよ」と答えるのですが、それでは不充分なようです。なぜなら、同じ質問が――特に私が七〇歳になって以来――しばしば繰り返されるからです。そこで私は、この本を書くことにしました。

『五つの傷』の続編である『五つの傷　癒しのメッセージ』を書く前にも、似たようなことが起こりました。人々は私に、「『五つの傷』が好きで、よく読むのだけれど、ちっとも癒しが起こらないんです。だから、癒しに関する本を書いてください」と、しょっちゅう言うのです。それに対して、私は、「『五つの傷』の最後のところ――そこでは〈癒し〉について詳しく書かれています――を読み直して、真の愛に基づく法則を実践すれば、傷が徐々に癒されますよ」と答えるのでした。しかし、それだけでは充分でないことが、やがて分かりました。なぜなら、同じ質問が、何年にもわたって繰り返されたからです。

この本を書く前も、新たに言うべきことはもうないだろう、と本気で思っていました。そして、ある日、ついにこの本を書き始めた時、私は大きな驚きを感じたのです。読者に伝えるべきことが、まだまだたくさんあったからです。

私たちは、スピリチュアルなことを、繰り返し聞く必要があります。というのも、エゴはとてもずるくて、私たちにスピリチュアルなことを間違って解釈させたり、理解したことをすぐに忘れさせたりするからです。エゴは、私たちが「意識化」を決意したことや、私たちが目的を設定したことを、実に巧妙に忘れさせるのです。だからこそ、この本は、きっと役に立つだろうと確信しました。

私の他のすべての本でそうしたように、私はこの本においても、打ちとけた口調であなたに語りかけ、あなたが、「エゴ」ではなく、「ハート」で読むことができるように工夫を凝らしました。

この本は、あらゆる年代の人たちに向けて書かれていますが、特に、年を取っても、いつまでも元気でいたいと考えている若い人たちに向けて書かれています。いつまでも若くあるためには、若い時に決意していろいろと実行する必要があるのです。七〇歳になってから決意したのでは、絶対に遅すぎるでしょう。

あなたは、七〇歳になったらどんなことをしたいか、考えたことがありますか？　もし考えたことがないとしたら、どうぞ、あなたのまわりをよく見てください。その人たちの年齢になった時に、あなたもそうなりたいと思うでしょうか？　あなたから見て、気の毒だと感じる人たちがいるでしょう。あなたもそうなりたいですか？

あなたがどうなりたいかは、自分で選ぶことができます。選ぶとは「決断」することです。そして、決断しない限り、なにごとも実現しません。あなたが思いを行動に移した時、あなたは本当の意味で「決断」したことになるのです。

今後の年月のあいだにしたいことを、すぐリストにするようお勧めいたします。そうすれば、あなたの願うことが、いっそうよく実現するでしょう。さらに、この本の中で見つけた「アイディア」や「提案」が気に入ったら、ぜひそれらをリストに付け加えてください。そして、そのリストを、よく見えるところに貼っていただきたいのです。それをしょっちゅう見ることで、それがあなたの一部となり、実践に移すことが容易となるでしょう。それを見るたびに、あなたの「潜在意識」が、あなたの望むイメージを受け取るからです。

本書の最後のところに、私がこの本全体を通じて勧めている、具体的で実践的な方法をまとめてあります。必要に応じて、ぜひそれらを参照してください。

私はここで断言しておきますが、きっとあなたのエゴは、うるさく口出ししてきて、「そんな方法はリズだけに当てはまるのであって、あなたにとっては難しすぎる。あなたには、そんなことはとてもできない」とささやくはずです。しかし、何でもいいから実践してみない限り――たとえば、新しい食べものに挑戦すること――、それが自分に合うかどうかは分からないものです。あなたにとって非常に重要な意味を持つ何か、特に、思ってもみなかった結果をもたらすであろう何かに気づけないとしたら、それは本当に残念なことでしょう。

本書の装丁のために、私はまったく修整していない写真を使いました。広告用の写真には修整が施されることがほとんどですが、この本のテーマに鑑《かんが》みて、修整しないことを決意したのです。

次に掲げるのは、作者不詳の文章です。私はこの文章から、多くのインスピレーションを受け取りました。あなたにも、きっと、考える材料をいろいろと与えてくれることでしょう。

年を取る？　それとも老いる？

仕事を引退したあと、ある人たちは、ただ単に年を取るだけですが、

他の人たちは、確実に老いてゆきます。

年を取ることと、老いることとは、まったく違います。

年を取る人は、スポーツをし、さまざまな発見をし、旅行に行きます。

一方、老いる人は、何もせずに漫然と過ごします。

年を取る人は、愛を与えます。一方、老いる人は、嫉妬をし、恨みを溜め込むだけです。

年を取る人は、将来のための計画を立てます。一方、老いる人は、過去を回想するだけです。

年を取る人は、明日のことを考えます。一方、老いる人は、昨日のことしか考えません。

年を取る人は、きたるべき日々を楽しみにします。

一方、老いる人は、残されたわずかな日々を思って悲しくなるだけです。

年を取る人は、楽しい夢をたくさん見ます。一方、老いる人は、悪い夢ばかり見ます。

さあ、あなたは、どちらを選びますか？

それは、あなた次第です。

作者不詳

もくじ

第一章　老いとは何か・若さとは何か

私たちの肉体は、どの時点で衰え始めるのでしょうか？　辞書によれば、老いとは、「年を取ること。少しずつ、人生の最後に向かって歩み続けること」とあります。ほとんどの人は、年を取ることによって、どんどん老け込《ふ》み、限定された人生を生きるようになる、と思い込んでいます。しかし、そうであってはなりません。年を取っても元気でいられる、というふうに、考え方を変える必要があるのです。

「若い」ということは、エネルギッシュであり続け、望むことは何でもでき、果敢に人生に挑戦する、ということです。つまり、若い肉体を保ち続ける、ということではないのです。

また、いつまでも未熟であり、若者のような服を着る、ということでもありません。こうしたタイプの人たちは、自分の人生に直面することができず、現実を理解することができず、いつまでもピーター・パンのように生きようとしているだけなのです。

さらには、美容整形を受けるなどの手段によって、自分はまだ若いと思い込もうとする人たちもいます。でも、若さというのは内部から来るものであり、外部とはまったく無関係なのです。

私のまわりにいる五〇歳以上の人たちの多くは、階段の上り下りが自由にできない、などの不自由を抱え込んでいます。私の最初の著書『〈からだ〉の声を聞きなさい』を読めば、彼らが「人は五〇歳になれば、老いて体が不自由になる」という両親の思い込みを、そのまま引き継いでいるに過ぎないということが分かるでしょう。

数多くの研究を見れば、肉体がいつ衰え始めるかについては、さまざまな説があることが分かります。ある研究では、それは二六歳であると言うし、ある研究では二六歳から四二歳のあいだである、とされています。また別の研究では、私たちの肉体は七年ごとに変化していき、七×七、すなわち五〇歳くらいでその活力を失う、とされています。

こうした研究に欠けているのは、他の二つの〈体《ボディ》〉、すなわち〈感情体《エモーショナル・ボディ》〉と〈精神体《メンタル・ボディ》〉に対する視点でしょう。それらの〈体〉は肉体、つまり〈物質体《フィジカル・ボディ》〉よりも、はるかに重要なのです。〈感情体〉と〈精神体〉の方がむしろ主体で、〈物質体〉はそれらの、より精妙な〈体〉の反映に過ぎないとさえ言えるからです。

「科学」は、まだ〈感情体〉や〈精神体〉を視野に入れていませんが、それでも最近では、多くの科学者や医者が、「心の持ち方」が肉体の老いに大きな影響を与えていると主張し始めました。だからこそ、できるだけ早い時期に、自分の心をしっかりコントロールして、老け込むことなく年を取るようにする必要があるわけです。

二〇代や三〇代の多くの人たちが、精神の影響の大きさに気づき始めています。それらをテーマとした書物もたくさん出版されていますし、自己啓発のワークショップなども数多く開催されています。しかし、私がその年齢のころには、そうした動きはまったくありませんでした。

私は、幼いころから数多くの興味深い経験をしてきましたが、それらが持つ本当の意味に気づき始めたのは、自分の内面をしっかり見つめるようになってからです。そうした過去の不快な体験を思い出すことによって、私は、それらを二度と繰り返したくないと思うようになりました。それらの体験のおかげで私は、自分が何を望まないかに気づくことができ、そして、自分の望む人生を生きることができるようになったのです。

私は四〇歳になるまで、いわば「無意識的に」生きていました。私は、短いあいだ法律に関わる仕事をし、結婚し、三人の子どもを持ち、離婚し、その一方で、長いあいだセールスの仕事をしてきました。私はロボットのように生き、さまざまな出来事に翻弄され続けてきたのです。

この、セールスの仕事をしている時に、ポジティブ・シンキングの持つ力に目覚めました。そして、できるだけ定期的に、その力を開発することに精力を注ぎました。しかし、やがて、ポジティブになって「きれいごとのアファメーション」を繰り返すことは、長期的に見ると決して良いことではない、ということに気づき始めたのです。それらは、問題を解決したと一時的に思い込ませるだけだったのです。そのような方法では、「原因」に働きかけることはできませんでした。そして私は、意識と行動を変える（つまり原因を変える）ことなしに、人生を根本から変えることはできないと、理解し始めたのです。

こうして、愛情の問題、家族の問題、経済の問題、健康の問題の「原因」をつきとめたい、と考え始めた時に、私のスピリチュアルな探求が始まりました。その時以来、私は〈責任〉の問題に目覚め、それらの答えを得るために、常に同じ方法を使うようになりました。つまり、問題が起こるたびに、次のように問いかけるようになったのです。

「私に困難を与えている、この状況、この人物を引き寄せたのは、私の中の何なのだろうか？」

このように行動することで、〈愛〉〈知性〉そして〈責任〉が、私の人生の方向性を決めるようになりました。

私は、それまで、〈罪悪感〉や〈恐《おそ》れ〉、特に、自分が完全ではないことへの恐れの中で生きてきました。そして、そのことにうんざりしていたのです。私は、自分が愛されるためには、何かしなければならないと思い込んでいました。つまり私の問題点は、〈完全さ〉を、〈在《あ》る〉ことの中ではなく、〈する〉ことの中に求めていたことだったのです。

私たちは常に完全で〈在る〉ことを選べる、ということを知ったのは、私にとってまさに救いでした。選ぶことができる、というのは、私たち一人ひとりにとって、はかり知れないくらいの〈贈りもの〉なのです。

ある時、私は、イタリアの神経学者であり、一〇三歳で亡くなったリータ・レーヴィ・モンタルチーニについての興味深いルポルタージュを見ました。時代をはるかに先取りしていた彼女は、一九三〇年、二一歳で医学校に入学します。そして、神経細胞を成長させる要素を一九五二年に発見した功績で、一九八六年にノーベル賞を受賞するのです。特に、彼女が繰り返し自分に言い聞かせていたという、次の言葉が私をとらえました。

「からだは、からだの望むことをすればいい。私は、からだではなく、精神なのです」

彼女によれば、脳細胞は決して老いないということです。脳細胞は絶えず更新されるからです。私たちの神経細胞は驚くべき可塑性を備えており、男性脳と女性脳のあいだには、認識機能において違いはないということです。ただし、感情機能においては違いがあります。大切なのは、願望を持つこと、特に好奇心を持ち、物事に深く関わり、情熱を持つことによって、精神に刺激を与え続けることである、と言っています。私たちの肉体を若く保ち続けることに関して、私は彼女から多くのインスピレーションを受け取りました。

あなたもすでに気づいていると思いますが、老いに対する考え方は、年齢に応じて常に変わり続けるものです。一七歳の時、私は法律事務所で働いていましたが、そこの弁護士が、私に言い寄ってきました。その時、思わず出た言葉は、「あなたみたいな年寄りがそんなことをするなんて、とても信じられません！」というものでした。その時、彼は三五歳で、結婚しており、小さな子どもが二人いました。思いがけない私の反応に驚いた彼は、その後、二度とそんなことをしませんでした。

つまり、私は一七歳の時に、三五歳の男性はもう年寄りだと感じていたということです。それから年を重ねるごとに、私の考え方は変わりました。ある時の私は、五〇歳の人は年寄りだと思いました。私が四〇歳になった時、七〇歳の人は私にとって年寄りだと感じられました。現在では、私は「老い」に関して、そうした思い込みをまったく持っていません。

以上の例は、私たちが、さまざまな領域で、どれほど自分を限定するか、ということを示しているでしょう。

私は、この本を書いている時点で七八歳になっています。私がこれまでずっと活動的であり続け、今なおそうであることが、私が自分を「若い」と感じる理由であると思います。私は、先ほどのモンタルチーニ博士の助言に従って、常に「好奇心を持ち、物事に深く関わり、情熱を持って」生きてきました。そして、常に新しいことを学び続けています。現在、ＥＴＣでの仕事以外にも、複数の領域に強い関心を抱いています。

一〇年以上前から、一年以上会っていない人と再会すると、その人は必ず私に、「若返るために、どんなことをしたのですか?」と尋ねてきます。私はむしろ、その言葉に驚くのです。人々は、どうして私が「若返った」と思うのでしょうか? いったい私に何を見ているのでしょうか?

正直に申し上げると、私は決して若返ってはいません。ただ、平均的な人たちよりは、ゆっくり老いていると思います。鏡に映った自分の姿を見るたびに、そう思うのです。それでも、一年たつごとに、私の体は少しずつ不自由さを増していると感じます。

この本を書こうと考え始めた時、私はみんなとどこが違うのか、より意識的になって考えてみました。そして、私と同い年か、私よりも若い、家族、友人たち、知り合いの人たちをじっくり観察してみたのです。その結果、彼らが見ているのは、常に若々しく、そして活気に満ちている私の〈エネルギー体〉である、という結論に達しました。

実際、私は、毎朝、エネルギーにあふれて目を覚まします。そして、喜びを感じながら体操を行ない、活動的な一日に備えるのです。ずいぶん前になりますが、体のエネルギーを減らさないためには、それを常に体にめぐらせる必要がある、と学んだからです。本書を読み進めることによって、どうすればエネルギーを保ち続けられるかが、あなたにも分かると思います。

エネルギーの「源泉」は、いくつかあります。肉体のエネルギーは、まず太陽からやってきます。そのエネルギーは常に存在し、安定しています。一方、大地のエネルギーは、地球の中心からやってきます。この二つのエネルギーが一つになって、地球上に生命をもたらすのです。

これら二つのエネルギーによって生命がもたらされるということを、「左脳」によって理解しようとしても無駄です。しかし、イメージで理解しようとすれば簡単でしょう。

これらのエネルギーは、私たちの三つの〈体〉、すなわち〈物質体〉〈感情体〉〈精神体〉にとって必要です。これらの三つの〈体〉は、チャクラによってエネルギーと結ばれています。チャクラについては、拙著『〈からだ〉の声を聞きなさい』を参照してください。

こうしたエネルギーは、はるか昔から私たちの生命の一部をなしています。私たちがこんにち使っている言葉とは違う言葉を使ってですが、アメリカ先住民たちも、このエネルギーに注目していました。彼らは、チャクラ、オーラ、そして自然に属するエネルギー・センターについて語っています。また、中国人たちも、経絡やエネルギー・センターについて語っています。

このようにエネルギーが人間にとって長らく関心の的だったことは、不思議でも何でもありません。エネルギーとは生命のことだからです。しかも、エネルギーはニュートラルであり、善でも悪でもありません。それを発する人や物によって決まるのです。

たとえば、テレビ、ラジオ、そしてインターネットは、それらが発するエネルギーの質によって、私たちのエネルギーを増やしもすれば、減らしもします。火、風、そして水だって、創造的にも破壊的にもなりえます。私たち自身のエネルギーについても、まったく同じことが言えるでしょう。

さらに興味深いことは、七つあるチャクラのうち、心臓のチャクラが体の中心に位置しているということです。ここから発するエネルギーは、私たちを生かしている心臓を動かしているのです。スピリチュアルな視点からすれば、私たちのエネルギーを体じゅうにしっかり循環させるためには、このチャクラが開かれていなければなりません。心臓のチャクラが完全に開かれるためには、私たちは真の意味で自分を愛する必要があるでしょう。その結果として、私たちの肉体と生命が調和して働くのです。

肉体的、感情的、そして精神的な調和を失う時、私たちは人生の制御ができなくなります。ちょうど、高速回転する円盤の上にいるようなものです。中心にいれば、すべてがうまくいき、中心からはずれれば、すべてがうまくいきません。それぞれの人生の領域におけるあなたの態度が、あなたの体を流れるエネルギーの循環を良くするか悪くするかを決めるのです。

もし、エネルギーの流れがよければ、人生はバランスが取れ、あなたは若さを保つことでしょう。あなたが中心をはずれれば、エネルギーがブロックされ、その結果、あなたは年齢よりも早く老け込むはずです。このブロックの最大の原因は、自分に対する愛が足りないということです。

私はすべての本において、自分と他者に対する愛について語っていますが、この愛こそが、人生に安定をもたらし、その結果、あなたは生きる喜びを感じつつ、年を取ることができるのです。特に、人生の最後の数年間は、この愛によって、あなたはストレスのない、喜びに満ちた人生を生きることができるでしょう。

私の著書の中でも特に、『〈からだ〉の声を聞きなさい』、『五つの傷』、そして『五つの傷　癒しのメッセージ』を読むことを強くお勧めいたします。そうすれば、本書に書かれていることを、はるかに容易に理解できるでしょう。

第二章　幸福に生きるための五つの秘訣

この章では、幸福感に満たされて生きるための五つの秘訣について、詳しく述べていきましょう。とはいえ、それらについては、この本のあちこちでも触れられています。

その五つの秘訣とは、①責任と約束、②無条件の愛、③三つの〈体〉のバランス、④意識化、⑤感謝、です。これらの要素は、私たちが、エネルギーに満たされて元気に生きるための、最も大切な要素だと言えるでしょう。

責任と約束

ＥＴＣのワークショップで、この項目に与えている定義は次のようなものです。

「責任を取る、ということは、**私たちが、一瞬一瞬、自分の人生を創《つく》っている**、ということを知ることです。私たちは、自分の選択、決定、反応、癒されていない傷によって、自分の人生を創っています。そのことを引き受けなければなりません。責任を取る、ということは、また、他の人たちは他の人たちで、その選択、決定、反応、癒されていない傷によって、彼らの人生を創っていると知ることです」

自分が本当に責任を取っているかを知る一番いい方法は、自分が本当に結果を引き受けているかを確認することです。もし、あなたに起こったことに関して他者を責めるとしたら、**あなたは責任を取っていません。**また、あなたが、他の人の行為や決意の結果を自分で引き受けて、彼らの人生を何とかしたい、と考えるのであれば、**あなたは責任を取っていません。**

約束とは、口に出して、あるいは書いて、はっきりと約束をする、ということです。私たちは、自分に対して、また、他者に対して、約束をすることができます。たとえば、私の姉が引越しをする時、私は手伝いに行くと約束することができます。もし、私がこの約束を守らないとしたら、一つないしはいくつかの結果をもたらし、私はそれに対して責任を取る必要があるでしょう。

このように「何かをする」という約束はできますが、「何かである」という約束は、することができません。たとえば、私たちは、「常に寛大である」ことを約束できません。ただし、相手に言葉をぶつける前に、三回深呼吸をする、と自分に約束することはできます。

また、約束をしたとしても、その約束を変更することはできます。しかし、その場合、変更の結果を引き受けられるかどうかを、よく検討しなければなりません。私たちは、一生のあいだ、望もうと望むまいと、自分自身に対して責任があります。

無条件の愛

この本の第一章において、エネルギーが私たちの体をめぐるためには、心臓のチャクラが開いている必要があると言いました。しかし、そのチャクラが開かれるためには、何をすればいいのでしょうか？　そのためには、エゴではなく、ハートの声を聞く必要があります。だからこそ、「無条件に自分を愛する」（そして「無条件に他者を愛する」）とはどういうことなのかを、絶えず自分に問いかけることが大切なのです。

自分を本当に愛する、他者を本当に愛するとは、自分を――それがポジティブであれネガティブであれ――、いつも、ありのままに受け入れて、判断したり罪悪感を持ったりしないということです。言い換えれば、自分を、欠点も長所も持った、強さも弱さも持った「人間」だと認めることです。**愛する**とは、**判断せずに受け入れる**ことなのです。

こうした無条件の愛、そして責任というスピリチュアルな概念を、エゴは理解することができません。エゴは低位のエネルギーからできており、左脳で判断するからです。

賛成する、というのは、同じ意見を持つということであり、スピリチュアルな概念ではありません。この概念は、左脳によるものであり、したがって物質的であり、本当の愛とはまったく関係ありません。一方、賛成はしなくても受け入れる、という場合、私たちは本当に自分を愛していることになります。つまり、賛成するというのはエゴのやり方であり、受け入れる・愛するというのは、スピリチュアルな概念なのです。

ではここで、寛容と不寛容について考えてみましょう。あなたがすぐに怒り、しばしば判断するとします。この場合、あなたは不寛容だと言うことができるでしょう。つまり、あなたはエゴの声に従っているのです。

あなたが誰かの言動に対して不寛容である時、あなたのエゴは、あなたに対してもっと寛容であるべきだと言い、その結果、あなたは罪悪感を抱くことになります。さらにエゴは、あなたに対し、長いあいだ変わろうとしてきたが、いまだに変わることができずにいるダメなやつだと決めつけるでしょう。

このような時のエゴは、あなたの感情を揺さぶって喜んでいるように見えます。しかし、実際には、そうではありません。エゴは、過去に獲得した記憶に従って生きることしかできないのです。エゴとは、何回もの転生にわたって獲得した〈思い込み〉の総体にほかなりません。エゴが私たちに罪悪感を抱かせ、なおかつそれは他者に非があるからだと思い込ませるのは、それによって私たちを救っているつもりだからです。しかし実際は逆であって、それは私たちを害するだけである、ということを、エゴが理解するのは不可能でしょう。

もし、本当に自分を変えたいのなら、その状況で自分が不寛容になっているということを、ありのままに受け入れるだけで充分なのです。つまり、賛成できなくても受け入れ、自分が、弱点も持った「人間」であるということを自分に許すのです。自分が望むようにはなれていないということをとりあえず自分に許すことによって、あなたはだんだんと寛容になることができるでしょう。

そして、自分に対してそのように振る舞えば、他者に対しても、彼らがありのままであることを許せるようになります。あなたのまわりにいる、あらゆる人たちは、あなたが自分を受け入れているかどうかを知らせてくれる指標なのです。つまり、あなたがまわりの人を受け入れていないのは、あなたが自分を受け入れていないからだ、ということを教えてくれるのです。それを、ここでもう一度、思い出してください。

あなたが、自分の短所も長所も同じように受け入れて自分を愛した時、あなたは〈無執着〉の境地に達したと言えるでしょう。無執着とは、結果に執着しないことです。先の例で言えば、「望まれる結果」とは、他者に対してもっと寛容になるということです。そして、寛容になれば、より良い人間になったと思えるし、みんなからより愛されるはずだと考えます。しかし、私たちがそうした思い、それ自体を手放して無執着になった時、私たちは自分を完全に受け入れることが可能となるのです。

通常、完全に受け入れることができるようになるまでには、何段階かの行動を経ることになるでしょう。

私たちが、自分のポジティブな側面もネガティブな側面も受け入れるようになるまで、真の愛、無条件の愛は、私たちのものとはなりません。たとえ自分のネガティブな態度に気づいても、ぎこちなさを感じなくなった時、私たちは、自分を真の意味で愛したことになるのです。そうなって初めて、私たちは、自分に対しても、他者に対しても、本当の意味での「慈《いつく》しみ」を感じることができるでしょう。

三つの〈体〉のバランス

バランスが取れている、ということは、調和して安定しているということです。すなわち、人生のさまざまな側面の関係が同等であり、かつ均衡しているということです。

こうしたバランスの欠如は、現代社会における大きな問題です。ある人々は、〈物質体〉に注意を払いすぎるあまり、〈感情体〉と〈精神体〉の要求を忘れがちです。彼らは、肉体に関わる何らかの活動――たとえば、食べること、飲むこと、運動をすること――をする前に、その活動が本当に自分の人生や〈感情体〉〈精神体〉の必要に応えるのかどうかを考えてみようとしません。もしあなたが、何かをしないために罪悪感を感じたり、あるいは、罪悪感を感じないようにするために何かをしたりしているのであれば、それは、あなたにも同様の問題があるということです。

また、別のある人たちは、〈感情体〉をあまりにも重要視しがちです。しかも、真の意味で感じるのではなく、感情に駆られて行動したり、欲望に翻弄されたり、夢想するだけだったり、期待しすぎたり、失望に打ちのめされたりしているだけなのです。彼らは、愛する人たちの幸福と不幸の責任は自分にあると思い込んでいます。こうしたさまざまな感情は〈感情体〉を疲弊させます。一方、真に感じることは〈感情体〉に栄養を与えます。

あなたは、本当に感じるということができていますか？　私の場合は、四〇歳になるまで、この質問を自分に対してすることができませんでした。というのも、真の意味で感じることができていない、ということにさえ、気づいていなかったからです。

ＥＴＣの活動を始めてからも、十数年のあいだは「感じること」について教えることができませんでした。それはとても繊細なテーマであり、どうすれば「感じる」ことができるのか、なかなか自分でも分からなかったからです。感情と感覚の違い、「感情を生きる」ことと「感じ取る」

ことの違いが分かり始めた時、ようやくそれを教えることができるようになりました。

感じるとは、感性を使って、自分の内部で何が起こっているのかを**観察する**ことです。私たちは、ポジティブな感覚、ネガティブな感覚を持つことができます。自分の中に、喜びと恐れを感じることができます。判断しない時、純粋に観察している時には、本当の意味で感じることができています。それは、私たちの「全体」で行なうことなのです。

感情とは、恐れを原因として非難の気持ちが起こった時に、内面でざわざわした動きが起こることを言います。したがって、それは、私たちの〈精神体〉や〈感情体〉の機能なのです。

私たちの多くは、子どもの時に「感じる」ことをきちんと学んでいません。この場合の「感じる」とは、私たちの内部で起こっていることを確認して、のちに経験することになるはずのあらゆる事柄に直面できるようになる、ということです。

エゴは、私たちがそうするのを邪魔します。なぜなら、エゴは左脳に属しており、「感じる」という言葉を理解することができないからです。したがってエゴは、私たちが否認の中で生きるようにします。そうすることで、私たちが苦しむのを防ぐことができると思っているからです。

エゴは、もし私たちが心の中で起こっていることを本当に感じ取ったとしたら、私たちが感情や恐れにとらわれ、それを統御できなくなると思い込んでいるのです。もちろんそれは、間違った思い込みに過ぎません。私たちがハートに入り、本当に感じるようにすれば、私たちは、自分に起こるどんなことにも直面できる、ということを、エゴは知らないのです。

　私たちは、人生において、常に二つの選択肢を持っています。すなわち、エゴの声を聞くか、それともハートの声を聞くか、ということです。

〈精神体〉に関して言えば、多くの人たちが精神を濫用しているため、〈物質体〉と〈感情体〉が必要としているものを、まったく忘れています。こんにちでは、テクノロジーが発達したために、口頭によるコミュニケーションがどんどん減り、みんなＳＮＳ、ＬＩＮＥ、メールなどを使っているからです。ほとんどの人が、一〇分以内に必ず一度はケータイをチェックするはずです。

　さらに、この地球上には、すさまじいばかりの恐れがはびこっています。恐れは私たちの〈精神体〉を酷使して、老化させます。それが悪循環を生んでいるのです。恐れが私たちを老化させ、老いれば老いるほど私たちは恐れを持つようになるからです。それは、〈精神体〉のエネルギーが減れば、危機的な状況や予測不能な状況に直面することができなくなるからです。

　老いた人は――たとえ何歳であったとしても――あらゆることに恐れを持つようになるのです。そんなことが続けば、その人の〈物質体〉と〈感情体〉は確実に病《や》むでしょう。

　三つの〈体〉がバランスを欠くと、しばしば高血圧になります。ＥＴＣで学んだ多くの人たちが、生き方を変えることによって、高血圧から解放されていることを知ってください。

　いま、人々はバランスを失っています。三つの〈体〉を調和させて、私たちの根源的なニーズに応えなければなりません。そうすることによって、私たちの、個人的、職業的、家族的な生き方がバランスを取り戻すのです。このことについては、本書のあちこちで触れるつもりです。

意識化

二五歳になった時、私は、《人生の大いなる法則》に、もっと意識的になろうと決意しました。この決意は、私の人生に大きな影響を与えてきましたし、今も与えています。内面を探求することによって、心の傷があるために自分をありのままに見られていない、ということに気づいたのです。私には、まだまだ学ぶべきことがたくさんあります。そして、私は、そのことに極めて意識的であり続けているのです。四一歳でETCを始めた時、私は自分のことを充分に知っていると思っていました。しかし、こんにちでは、氷山の一角にさえ触れていなかったのだということが分かります。

私たちは、現在、水瓶座の時代を生きていますが、これはたいへん恵まれていることなのです。なぜなら、人類の意識の進化が加速されているからです。人々は、今までに比べて、はるかに深く目覚めています。また、人類は、いくつもの領域ですさまじいテクノロジーの進歩をなしとげました。ロボットが私たちの生活でますます幅をきかせ、車はますます自動化されています。3D

プリンターの登場によって、あらゆる製品が簡単に作れるようになりました。

水瓶座のエネルギーは大きな変化を迎えています。もし、そのエネルギーとともに生きたいのであれば、あなたはこの変化に対して心を開かなければならないでしょう。この時代は、私たちに、「知性」と「敬意」に向かって進むためのエネルギーを与えてくれています。この二つは、「真の愛」を生きるためには不可欠の要素なのです。

一方で、こうした水瓶座のエネルギーに対立するエネルギーもあります。このエネルギーは、愛がもたらす幸せを私たちが体験することを妨げようとするものです。それを知るには、ニュース、テレビ、映画に接するだけで充分でしょう。そうです、現在、地球上には、愛よりもさらに多くの暴力と恐怖がはびこっているのです。

ですから私たちは、確かな見識を持って、平和と愛から私たちを遠ざけようとするエネルギーに影響されないように行動する必要があります。水瓶座の時代は、以前の時代に比べて、私たちがより意識的になれるように手伝ってくれるでしょう。とはいえ、真の意味で意識的になるためには、私たちは、自分の内部で何が起こっているのかを感じ取り、心の深いところで何を体験しているかを感じ取ることができなければなりません。そのためには「練習」が必要なのです。

一方で、意識的になると、さまざまな感情を体験することになる、ということもお知らせしておきましょう。真に愛する、無条件に愛する、ということに私が意識的になった時、なぜもっと前にそうしなかったのだろうか、と考えて、ものすごく自分を責めました。親しい人たち、特に夫と子どもたちに対して、まったく逆のことをしてきたことに気づいて、ものすごい罪悪感を持ったのです。ですから、あなたも、このエゴの罠《わな》におちいらないように充分、気をつけてください。

今では、新しい〈思い込み〉——たとえば恐れ——を発見するたびに、また、自分に関する何か新しいことを学ぶたびに、私はすごく感動し、エネルギーが回復するのを感じます。たとえそれが自分にとって好ましくないことであっても、そうなのです。より意識的になることによって、私は次の段階に進み、私の魂のニーズを、よりよく知ることができるようになるからです。

人々に、こうした、より意識的になるための「道具《ツール》」を提供できることが、ＥＴＣの強みとなっています。これらの道具は、質問の形になっており、いつでも何度でも使うことができます。特に、自己理解のための道具は、〈物質体〉〈感情体〉〈精神体〉の、あらゆるレベルの、どんな問題に対しても使えるようになっています。

この道具を使えば、問題の背後に隠されている願望とニーズを発見することができるでしょう。さらに、そのニーズを獲得できないようにしているエゴの〈思い込み〉を発見することもできます。では、以下に、この道具の短縮版の一つを挙げておきましょう。

①この問題があることによって、私は何を得ることができないだろうか？　また、何をする

ことができないだろうか？

これに対する答えによって、ブロックされているあなたの願望が分かります。

「私は本当は○○を得たい」「私は本当は○○したい」

②それでは、①で答えた、得られないこと、できないこと、があることによって、私はどう「在る」ことができないだろうか？　また、どう「感じる」ことができないだろうか？

これに対する答えによって、ブロックされている魂のニーズが分かります。

「私は○○のように在りたい」「私は○○のように感じたい」

③もし、私が望むような人間になったり、あるいはニーズを手に入れたり、望むことをしたりした場合、私は何を恐れるだろうか？

これに対する答えによって、エゴの〈思い込み〉を知ることができます。それがあるために、あなたは自分自身でいることができず、あなたの本当のニーズに耳を傾けることができないのです。

「私は○○を恐れる」「私は○○だと思われることを恐れる」

私の思い込みは、「○○を恐れること／○○だと思われることを恐れること」です。

あなたはもう、その問題を恐れる必要はありません。この道具を使えば、問題を受け入れ、あなたの本当のニーズを知ることができます。時間をかけてこのエクササイズをすることは、自分自身に対する愛の行為となるでしょう。

意識的になるということは、さらに何かを学ぶということではありません。何かを学ぶ時、私たちは精神のエネルギーを使います。本をたくさん読んだり、知識をいっぱい身につけたり、多くのことを記憶したりすることは、意識的になることとは別のことなのです。意識化することは、〈在る〉ことに属しており、したがって、スピリチュアルなことなのです。

本当の意味で〈意識化〉するためには、学んだことを実践に移さなければなりません。多くの人が決意し、意識化しようとして、そこに至るための方法を学びますが、残念なことに、それらを日常生活に応用していないのです。ですから、知識だけは多くなりますが、意識化はできないのです。

具体的な例を挙げてみましょう。たとえば、あなたがお義母《かあ》さんとのあいだに、何度も同じ問題を引き起こし、そのせいでお義母さんを非難しているとします。次に、問題を解く「道具」を使い、あなたが見ようとしていなかった自分の側の問題を発見したとしましょう。それを意識化することによって、あなたは状況に対する自分の責任を引き受け、問題を引き起こしていたのは自分だったと気づきました。

そこで、あなたはハートを開き、自分のニーズを満たそうとします。すると、あなたとお義母さんの関係が変容し始めるのです。時には、あなたがしたくないことに直面するかもしれません。そんな時は、自分の弱さを認めてあげましょう。

私たちが、自分の責任を引き受け、自分を愛し、より意識的になることによって、はるかに人生が調和したものになるでしょう。

もし、意識化したにもかかわらず、お義母さんとの問題が解決しないとしたら、あなたはまだ何かを恐れており、エゴを信じているということなのです。エゴは、あなたに、こんな方法はうまくいくわけがない、問題は解決しない、なぜなら相手が変わろうとしないからだ、と言って、あなたをそそのかすでしょう。でも、エゴの罠におちいってはなりません。もし、道具を正しく使えば、あなたは必ず良い結果を得るはずなのです。

こんにち、私たちが意識的になるための道具は、本当にたくさんあります。したがって、いつまでも無意識でいる理由など、まったくありません。

要するに私は、あなたに対して、知識をきちんと実践に移して、意識化することがとても大事ですよ、と言いたいわけなのです。

新しいことを学ぶのはとても楽しいのですが、それを用いて、今よりも幸せになり、平和と、愛と、快適さを感じるのでなければ、まったく意味がないでしょう。

感謝

感謝をするのがとても大切であることは、私たち全員がよく知っています。でも、実際に感謝することは、ほとんどありません。私たちの多くは、小さい時に、「ありがとう」と言うように教え込まれているだけなのです。両親が私たちに、そのように強《し》いたからです。私がようやくそのことに気づいたのは、孫を持ってからでした。私が孫たちに何かプレゼントをあげると、彼らの両親は決まって、「リズにありがとうと言いなさい」と言うのです。

私には、孫たちがそう言うのをためらっているのが感じられます。どうして「ありがとう」と言うんだろう？　という感じです。実際には、彼らは何をもらったのかさえ知りません。そこで、親に叱られないように、また、いい子だと思われたいために、仕方なく「ありがとう」と言うだけなのです。あなたも子どものころ、同じだったのではありませんか？　私は、こうした孫たちを見ていて、自分の幼いころのことを思い出しました。最悪なのは、プレゼントをくれた人にキスしなさいと母親が言った時でした。

こんなふうに、私たちは、ただ習慣から、「ありがとう」を言うようになっているだけなのです。必ずしも、感謝を感じているわけではありません。

何かをもらった際に、くれた相手、または「宇宙」に「ありがとう」を言う時、自分の中で何が起こっているかを観察してみてください。もし、ハートが開くのを感じるとしたら、あなたは本当に感謝しているということになります。**私たちが、〈いまここ〉にいる時、そして〈ハートの中心〉にいる時、私たちは、本当の意味ですべてのものに感謝することができます。**

何かをもらった時だけではなく、私たちは毎日感謝しなければならない、ということを知るのに、私は何年もかかりました。最初のうちは、意識的に、意図的に、日常的に、感謝の実践をする必要がありました。ところが、ある日、そうするのを忘れていることに気づきました。つまり、ごく自然に感謝できるようになっていたのです。

「ありがとう」を言う時、自分の心に何が起こっているかを観察しながら、たびたび感謝の実践をしてみることをお勧めします。しばらくすると、感謝によってエネルギーが与えられるのが感じられるようになるでしょう。

私のことをお話しすれば、私は車のカーナビを「ジョゼフィーヌ」と名づけ、「彼女」にしょっちゅう感謝するようにしています。カーナビを使うたびに、心の中で彼女に感謝し、目的地にきちんと着くと、ちゃんと声に出して彼女に感謝します。「ジョゼフィーヌ、ありがとう。無事に目的地に着けたわ。いつも私を案内してくれて感謝します」

他の人たちが同乗している場合、彼らは私を見て、妙なことをする人だと思うようです（笑）。

そのほかにも、何かのインスピレーションを受けた時、また、長いあいだ解決したかった問題に答えが与えられた時にも、私は必ず感謝するようにしています。きちんと時間を取って、次のように言うのです。「私の内なる神よ、いつも私を助けてくれてありがとう。感謝します」

私たちは、誰でも、日常的にささやかな幸せを感じます。たとえば、見知らぬ人の素敵な微笑《ほほえ》みを見た時、赤ちゃんの無垢な視線を感じた時、自然の心地よい香りをかいだ時、頬をなでるそよ風を感じた時、優しく静かに降り積もる雪を見た時、お店のショーウィンドウに素晴らしい宝石を見た時、新しい洋服を初めて着る時、ほめ言葉を誰かからもらった時、春になって新緑が一斉に芽吹く時、美しい一輪の花を見る時、美味《おい》しそうな食事の匂いがする時、一日を充実して過ごすことができた時、思いがけなく優しい言葉をかけられた時、小さな子どもがあなたを抱きしめてくれた時、お店で気持ちの良いサービスを受けた時、などなど。

こうした、ほんの数秒だけ続く小さな幸せに対して、あなたは、心から感謝をしているでしょうか？　それらがあなたのハートに向けて放つ、素敵な香りを感じていますか？　ほとんどの場合私たちは、「ありがとう」を言わずにすませてしまうのではないでしょうか。しかしそんな時に、ハートでしっかり感謝を感じると、その感謝は私たちにエネルギーを与えてくれるのです。

心臓が、体じゅうに血液を（つまりエネルギーを）運んでくれる器官であるのは、偶然ではありません。あなたの心理状態が、あなたの体をめぐる血液の質を決めるのです。血液が貧しいものであれば、あなたの体は栄養不足となり、どんどん衰えていくでしょう。あなたの血液が愛という栄養で満たされていれば、あなたの体のすべての部分が高品質のエネルギーで満たされるでしょう。感謝は、あなたの体の健康を明らかに高めるのです。

毎日感謝を実践するための別の方法は、起きた時と寝る時に、しっかり時間を取って感謝することです。私は、ずっと前からそれを実践しています。朝起きて一番にするのは、「今日はどんなプレゼントが人生から届くのかしら?」と考えて、感謝で心を満たすことです。夜寝る時は、その一日に起こったあらゆることに感謝します。なぜ私がそうするかと言うと、私はもちろん日中にもたくさん感謝しますが、それでも、うっかり忘れることがあるからです。ですから、朝と夜は、私の感謝を完全なものにするための、とっても大切な時間なのです。

私は、朝と夜に、必ず自分の体にも感謝するようにしています。そうすると、体は必ず、私の感謝に応えてくれます。年を取るに従い、私はますます頻繁に体に感謝するようになりました。というのも、私の体は本当に忠実に、私に奉仕してくれているからです。たとえば、私の髪の毛は、ここ数年のあいだ、若い時よりもずっと量が増えました。ですから、形を整えるのがとても楽になっているのです。

一方、私は体の面倒もしっかり見ます。たとえば、空港で、次の便に乗るために、バッグを持って走らなければならなくなった時、私は走っているあいだじゅう、そうしてくれている体に感謝し続けます。そして、いったん飛行機に乗って席に座ると、体に語りかけて、「家に戻ったら充分に休ませるからね」と言うのです。

あなたの体が食物を消化し、きちんと排泄してくれていることに、あなたは感謝しているでしょうか？　心臓が休みなく鼓動を打ってくれていることに感謝していますか？　寝る前に一日を思い出して、その日に接した人たち、また、あなたの一番大切な人——そう、あなた自身のことです——に感謝しているでしょうか？

あなたが感謝をすればするほど、あなたは若さを保つでしょう。なぜならその時、エネルギーがあなたの体を巡るからです。しかも、それは「無料」であり、また、誰にとっても可能なことなのです。やがて、あなたも、自然に感謝できるようになるでしょう。

第三章　老いることへの不安を取りのぞく

老後のことを考えた時、あなたはどんな不安を感じるでしょうか？　それについてまったく考えたことのない人は、ぜひ、それらの不安をノートに書き出してみてください。そして、エゴがあなたを不安にさせる時、あなたの内部で何が起こるかを確かめてください。

私は、これまでの教えの中で、エゴについて多くを語っています。ただし、ここでは、それらを思い出すためのきっかけとして、簡単に触れておくだけにしましょう。エゴは、エゴについて学んだことを私たちが忘れるように、さかんにけしかけてきます。ですから、私たちは、自分が「エゴの声を聞いているのか」、それとも「ハートの声を聞いているのか」を知るために、エゴに関してしっかりと意識することが大切なのです。

エゴは、善と悪に関する、私たちのあらゆる思い込みである、と言ってよいでしょう。そして、小さな声でささやきかけては、私たちに、精神的そして肉体的な居心地の悪さを感じさせるのです。したがって、私たちのあらゆる不安は、エゴから来ていると言ってよいでしょう。

エゴは、今から何百万年も前、善と悪の観念が地上に現われた時に、人間の頭の中に創られました。したがって、エゴは、人間の精神的なエネルギーを使います。

動物たちにエゴはありません。なぜなら、彼らの精神は人間ほど発達していないからです。動物たちが感じる恐れは、エゴから来るものではありません。彼らの恐れは、「現実」から来ます。それに対して、エゴから来る恐れは、「非現実的」です。なぜなら、それは、私たちの「空想」に由来するからです。では、「現実的」な恐れと、「非現実的」な恐れを、どうやって区別すればいいのでしょうか？

現実的な恐れとは、恐れを感じている瞬間に、実際に危険が存在するということです。たとえば、あなたが階段を下りている時、足を踏みはずしそうになって恐れを感じた場合、その恐れは現実的です。あなたの体は、精神の働きに助けられて、階段から落ちないようにあらゆることをするでしょう。そして、精神的、肉体的な能力を使って、体の平衡を取り戻そうとするはずです。たとえ落ちなかったとしても、あなたの心臓はドキドキして、冷や汗が出ることでしょう。それは正常なことです。何度も深呼吸をして、体が元の状態に戻るようにしましょう。

その後で、エゴがしゃしゃり出てきて、あなたを批判するかもしれません。あなたが充分に注意しなかったからそんなことになったのだ、と言って、あなたが階段を転げ落ちた場合に起こるさまざまなことをイメージとして見せるでしょう。もしかするとそれは、足の骨を折るイメージかもしれません。あなたは、そんな結果をいろいろと想像して不安になるでしょう。

そう、その不安こそが「非現実的」なものなのです。このたぐいの不安を感じると、私たちは、しばしば、かなりの疲れを感じるものです。あなたも、似たようなことを経験しているはずです。こうした不安が、あなたの〈物質体〉〈感情体〉そして〈精神体〉を老いさせるのです。どうしてでしょうか？　なぜなら、あなたがこうした恐れを感じるたびに、あなたの体はアドレナリンを放出し、その状況にあなたが対応できるようにするからなのです。

もし、現実的な危険が存在しない場合、使われなかったアドレナリンは猛毒として、あなたを助けるどころか、あなたの体にダメージを与えることになります。このように、あらゆる非現実的な恐れはエゴから来る、ということを覚えておきましょう。

エゴは、今世そして過去世においてあなたの〈精神体〉に刻まれた記憶のほかには何も知りません。エゴは、善と悪に基づく記憶によって構成されているのです。精神に記録された他の記憶は、書いたり、計算したり、家に帰るのにどの道を通ればいいかを指示したり、といったように、私たちが地上で生きるために使われます。

あなたが死ぬ時、死ぬのはあなたの肉体だけだということを知っていますか？　あなたの〈感情体〉と〈精神体〉は死なないのです。なぜなら、この二つは、決して死なない〈魂〉の一部をなしているからです。魂は、肉体が死ぬと、この地上で獲得したあらゆる記憶とともに、魂の世界に帰るのです。そこで、魂は今世の人生の「貸借対照表」を作り、次の転生に備えます。このサイクルは、あなたが最終的で総合的な調和に至るまで——つまり、あなたが人生のあらゆる面において無条件の愛を発揮できるようになるまで——繰り返されるでしょう。

いわゆる先進国に生まれた人々は、何百回、いや何千回もの転生をしていると言われています。したがって、彼らのエゴは、膨大な思い込みの記憶をたずさえているのです。つまり、現実的な恐れを経験したあとで作り上げた非現実的な記憶を、私たちは山のように持っているというわけです。

先ほどの、階段で落ちかかった例に戻りましょう。もし、あなたのエゴが折れた足のイメージを見せたとしたら、それは、今世か過去世で、あなたが実際にそれを経験したか、あるいは他者が経験したのをあなたが見たか、どちらかだと言えるでしょう。そのために、あなたは、階段から落ちたら足を折る、と思い込むようになったのです。あなたの精神は、エゴを介してそのメッセージを記録し、それが思い込みとなっているわけです。

私たちのエゴは、人生のあらゆる領域において、無数とも言える〈思い込み〉を持っています。私たちは、ハートの声よりもはるかに多く、エゴの声を聞きます。なぜなら、自分の本当のニーズに気づいておらず、そのために、エゴに人生の舵《かじ》とりを任せているからです。したがって、自分自身で人生の舵とりをするためには、こうした自分の思い込みに意識的にならなければいけません。心理学的な研究によれば、私たちは、心の中で起こることの五パーセントから一〇パーセントくらいしか意識化できていないそうです。

ですから、私はここで、自分の思い込みにしっかり注意を向けるよう、あなたに強調しておきましょう。そうすれば、この本を読み終わるころには、たくさんの思い込みに気づけるようになっているはずです。あなたがしっかりと心を開いていれば、これからの人生で、さらに数多くの思い込みに気づけるようになるでしょう。

すでに前の章で触れたように、水瓶座の時代は、内面で起こっていることに私たちが意識的になれるように、たくさんのエネルギーとたくさんの知識を与えてくれています。ところが！ エゴは私たちに対してあまりにも大きな影響を与えているために、私たちはそれらの「贈りもの」を利用することができず、絶えず恐れの中で生きているのです。それだけではありません。エゴは、自分が持っているもの、自分がすることが自分自身だと思っているために、私たちは、自分の業績、見かけ、お金、財産、職業などによって、自分を評価します。私たちは、本当は、そんなものよりもはるかに価値のある存在であるにもかかわらず……。

私たちは、だいたい、六〇歳から六五歳くらいになると、自分が老い始めたと感じるものです。

そのあたりで仕事を引退するからです。もっとも、会社などで働いていて、四五歳くらいでシニアと呼ばれるようになると、私たちは自分が老いたと感じ、若い人たちがどんどん活躍するのが気になり始めます。

特に、ＩＴの領域における若い人たちの驚くべき適応力を見ると、いっそう自分が老いたと感じることでしょう。多くの企業では、より多くの給料を払わなければならないシニアよりも、ジュニアをより多く雇いたいと考えています。そこで、早期退職者に有利な退職金の制度を作ったりするわけです。さらに、エゴのそそのかしによって、四五歳以上になると新しい仕事を見つけるのが難しくなると思い込んでいます。

ほとんどの人が知らないことですが、**年を取っても自分の人生は自分で決めることができるの**です。私は、一〇〇歳を超えても、ちっとも老けていない人たちを何人も知っています。彼らは、人生の質を高く保っており、精力的で、肉体的にも自律しています。なぜでしょうか？

彼らは良い遺伝子を持っているからだ、あるいは、彼らは例外的に恵まれているからだ、と思うかもしれませんが、実際は、そうではありません。

あなたはこの点に関してどう思いますか？　あなたが老いた時、自分はなお自己決定の能力を持っていると、心底感じることができるでしょうか？

あなたの遺伝子の可能性は、あなたがどう考えるかによって決定されるのです。私がそのことに気づいたのは、七〇歳になってからです。そして、その後、私は五〇歳の時と同じように活動的に生きているのです。

私が人々から聞く恐れは、次のようなものです。

●私は六〇歳になり、歩くのが困難になっています。もう少しして本当に歩けなくなった時、誰が私の世話をしてくれるのでしょうか?

●私には子どもがいません。たった一人で、どのような老後を迎えるのでしょう?

●私には子どもが何人かいますが、仲が良くありません。彼らに頼ることができないので、いったいどうなってしまうのか心配です。

●私の愛する人が一人亡くなるたびに、死の恐怖に襲われるのです。

●特別養護老人ホームにいる母に会いに行くたびに、自分もやがてはああなるのかと思うと、不安で仕方ありません。

●肉体が衰え、能力が減退していくことが、どうしても我慢できません。時間が経てば経つほど、不安が大きくなるのです。

●私は長生きをしたいと思っていますが、貯金もあまりないし、年金も少ないしで、どうすればいいのだろうか、と考え込んでしまいます。

・私は五年後に退職しますが、国民年金しかもらえません。どうすればいいのでしょうか？　わずかなお金でちゃんと生きていけるのかどうか、とても不安です。

・数年後には、国庫のお金がなくなって、年金が払えなくなると聞いています。そう考えるとパニックになってしまいます。だって、私にはそれしか頼るものがないのだから。

・世の中のために役立てる人間であり続けたいと、ずっと思ってきました。たいしたことができなくなった時、私はどうなってしまうのでしょうか？　年を取れば取るほど、その考えに取りつかれて苦しくなります。

・ますます物忘れが激しくなってきています。このままではアルツハイマーになるのではないかと、ものすごく不安です。そんな病気になって人生を終えるのかと思うと、絶望的になります。だって、他の人たちの、お荷物になるのですから。私の祖母も、この病気になってから一七年後に亡くなりました。とても恐ろしいことです。彼女の生前、無理をして何度も会いに行っていましたが、会うたびに自分もこうなるのかと思い、本当に怖くなりました。

・私は六二歳ですが、補聴器をつける必要があります。しかし、私はそれを受け入れることができません。以前のように、楽しく生きることができなくなりました。自分が年老いたと感じ、しかもそのことを不当だと思っています。そのうち、まったく耳が聞こえなくなると思うと、憂鬱で仕方ありません。

- ガンにかかる人が、どんどん増えています。私もガンにかかるのではないかと、とても不安です。私の家系はガンの家系なので、ますます不安になります。
- 年を取るに従って、残された時間が少なくなると思うと、何か大事なことをし忘れたのではないかと、とても不安になります。
- 私は仕事を引退しましたが、お金を自分のために使うべきか、子や孫のために残すべきか、迷いに迷っています。どちらにしても、満足できないように思うのです。

いやはや！　これらの不安や恐れがあるせいで、この人たちは、自分を信じることができず、内なる平和を保つことができていません。もし、あなたがこうした例のいくつかに当てはまるとしたら、なるべく日々のニュースから遠ざかることです。それらは、あなたの不安を増すばかりでしょうから。

しかも、年々、ガンの原因となる製品や食物は増え続けています。タバコの箱には、「ガンはあなたを殺す」と表示されてさえいます。なんという広告でしょう！

病気はあなたの内から――つまりあなたの生き方から――やってくるものであり、あなたの外からやって来るものではありません。そう考えられたら、あなたはもっと生きる喜びに満たされ、あなたの不安は消えてゆくことでしょう。

女性にとってのもう一つの不安は、更年期障害でしょう。近年では、男性も似たような症状を抱えることが分かっており、そちらは男性更年期障害と呼ばれています。これは生物学的な現象であり、テストステロン（男性ホルモン）の減少に伴う不具合です。医者たちによれば、それは老化に伴う自然現象であり、四〇歳から五五歳までの男性の三〇パーセントが、その影響を受けるとされています。

では、なぜそれ以外の七〇パーセントの男性は、それをまぬがれているのでしょうか？　私に言わせれば、男性更年期障害は、ある種の男性たちの思い込みによるもので、自然というよりも当然の現象なのです。私は、この本を読んでいる男性のみなさんに提案しますが、ぜひ、「老い」という言葉の定義を変えてほしいのです。そうすれば、テストステロンの分泌は、今よりずっと活発になるはずです。

一方の女性に関して言えば、ある人たちは更年期において、より重篤な症状を得ますが、別の人たちは、四五歳から五五歳くらいのあいだに、ホルモンの自然減少による、ごくわずかな変化しか感じません。重い更年期障害の大きな原因は、私たちの社会が作り上げた否定的な考え方に主な原因があると、私は考えています。多くの女性たちは、年を取るに従って、体が衰え、老いて、その結果、女性ではなくなってしまう、と思い込んでいます。

月経によって血液を失うことは、エネルギーを失うことにもなります。ですから、たとえば妊娠中、授乳期、重篤な病気にかかった時などは、自然に月経が止まります。これは、血液とエネルギーを失わないようにするためなのです。こんなふうに、私たちの体は高度な知性を備えています。

同じことが、実は更年期にも起こっています。肉体が急速に老いないように、すなわち、肝臓、腎臓、脾臓、肺、心臓、膵臓、各種の腺、脳などの主要な臓器が、時期尚早の衰えを迎えないように、体が排卵することを意図的にやめるのです。つまり、**閉経によって私たち女性の寿命は延びているのです。**

あなたがもし、更年期は老いのしるしだと考えているのだとしたら、ぜひその思い込みを変えてください。私は、どこかで目にした次の言葉がとても気に入っています。

「閉経は、人生の中ほどにある休憩である」

このメッセージを身をもって生きるためには、更年期に対しても、あらかじめ準備をし、あなたの体からエネルギーを奪わないようにする必要があるでしょう。そうすれば、更年期は、もっとずっと調和の取れたものとなり、決して悪夢のようなものとはならないはずです。

この本に書かれているアドバイスは、肉体的な側面と同様に、心理的な側面にも言及しています。それらに従えば、あなたの体により多くのエネルギーを与えて、更年期をもっと楽に過ごすことができるでしょう。

私は、七七歳になってからも、孫たちと繰り返しパラシュートで飛行機から降下しています。しかも毎回、これが最後だとは決して思いません。孫たちは私がそうするのを信じられない思いで見ているようですが、要するに、それは考え方の問題に過ぎないのです。

私が何かをやめる時は、それをするのが怖くなったからではありません。たとえば、二年前から、私は海で泳ぎたいと思わなくなりました。足を海水につけながら海岸を長いあいだ散歩する方が、心地よくなったのです。その方が、たくさんエネルギーをもらえるようになったからです。もう海で泳ぐのはやめようと思った時、私は、怖くなったからなのだろうかと自問しました。しかし、答は「ノー」でした。たとえば、もし、誰かがおぼれていたとしたら、私は必ず泳いで助けに行くだろうと知っているからです。

確かに、年を取るに従い、ある種の活動はしにくくなるでしょう。肉体は確実に衰えるからです。しかし、この衰えを遅らせる方法はあるのです。第一章において、老いに関しては異なる考え方があることを紹介しました。私はどう考えるかといえば、体が衰え始めるのが何歳であったとしても、それよりもずっと早く体を鍛え始めるべきだ、というものです。

若い時は、肉体がまるで不死であるかのように思われるものです。いつまでもその能力を保てるかのように感じられます。そして確かに、愛をもって訓練すれば、私たちは、肉体的、感情的、精神的な能力を保つことは可能なのです。それについては、別の章でまたお話ししましょう。愛を自分に対して充分に与えるならば、他者からの愛は必要としません。そのように生きれば、あなたは、ネガティブな感情を持ってフラストレーションにさらされることはなくなるでしょう。

この章を終えるにあたって、自分の恐れに対して充分に注意を払うよう、アドバイスしておきます。恐れを持つたびに、それが現実のものなのか、それとも非現実的なものなのかを自分に問うてください。自分が恐れを持っていることに気づくのに、何年も何年もかかる場合があります。若い時は、エネルギーがたくさんありますし、恐れを抑圧することも可能だからです。しかし、年とともに、だんだんそれができなくなってきます。

さらに、意識化されない恐れは徐々に大きくなり、知らないところであなたを支配し始める、ということを覚えておいてください。その結果あなたは、やがてそれを無視することができなくなるでしょう。どんな人にも、肉体的、感情的、そして精神的な限界があるのです。

繰り返すように、恐れの多くは非現実的なものであり、私たちは、本当は起こりもしないことを恐れていることがほとんどなのです。その場合、私たちは、ハートの声ではなく、エゴの声に耳を傾けています。それは、絶えずあなたを脅してばかりいる人の言うことを聞いているのと、まったく同じなのです。そんな人に、あなたの人生を左右させていいものでしょうか?

あなたの人生を支配するのは、あなた自身です。あなたは、自分に対する愛ゆえに、その人に対して、「もうあなたの言うことを聞くつもりはありません、望まないことではなく、望むことが人生に起こるようにするために、自分のエネルギーを使うつもりです」と宣言しなければなりません。そして、「あなたが私を助けたいのは、よく分かります。でも、それはちっとも私を助けることにはなっていないのです」と言う必要があるでしょう。

エゴに対しても、まったく同じことです。エゴは、あなたに恐れを抱かせることによって、あなたを助けているつもりなのです。というのも、エゴは、あなたが望むことに向かって行った場合、それが引き起こす結果にあなたは直面できないだろうと考えているからです。起こり得るどんな結果にも直面することができる、とエゴに言うことができるのは、あなただけです。結果がどうであっても、あなたは必ず解決方法を見出すことができるのです。あなたの決意と確信をエゴが感じれば、エゴはそっと身を引き、あなたが自分のニーズに耳を傾けるのを許すでしょう。

次の段階として、あなたは、「老いた人」ではなく、「年を取った人」として、どのような人生を過ごしたいのかを思い描く必要があります。時間を充分にとって、それらが実現した時の幸福感を、実際に心で感じ取ってみてください。

ここで、ビジュアライゼーション（視覚化）とポジティブ・シンキング（積極思考）には、違いがあることを指摘しておきましょう。まず、ビジュアライゼーションは、科学ではうまく説明できない現象を引き起こすことがあります。例を挙げてみましょう。子宮に、テニスボールくらいの良性の線維腫を持っていた、ある女性の例です。手術を受けることができるのは、二カ月先のことでした。そこで彼女は、ビジュアライゼーションを行なってみようと思い立ったのです。そして、一日に数回、彼女は目を閉じて、その腫瘍が溶けて体の外へ流れ出すのを「見た」のです。

彼女は、それが効果を上げているのを、はっきりと感じました。というのも、いつも生理用のナプキンをつけていたからです。彼女は毎日、自分の体に感謝をしました。そして、この体との協力関係は、彼女に素晴らしい幸福感を感じさせてくれたのです。彼女は、ボールが徐々に小さくなっていくのを「見ました」。ある時、彼女は医者にレントゲンを撮ってほしいと頼みました。もう腫瘍は消えている、と感じていたからです。そして結果は……驚くなかれ、腫瘍は完全に消えていたのです！

こうしたビジュアライゼーションと、ポジティブ・シンキングの違いはこうです。ポジティブ・シンキングでは、「この腫瘍は消えます」と考えるだけです。しかし、ビジュアライゼーションでは、その腫瘍が消えるところを「見る」のです。

確かに、ポジティブ・シンキングは、とても良い方法です。しかし場合によっては、それは、私たちに多くのエネルギーを使わせる「コントロール」になってしまうのです。たとえば、「いつも上機嫌でいよう、そうすれば人生は快適なのだから」というポジティブ・シンキングをする人がいたとしましょう。すると、その人は以後、怒ったり落ち込んだりすることができなくなります。つまり、ポジティブであるために、自分をコントロールしなければならなくなるわけです。

そんな場合も、ポジティブ・シンキングとビジュアライゼーションを併用するといいでしょう。そうすれば、エネルギーが与えられますし、喜びが感じられるでしょう。

望むことをはっきり決めて心に刻み、直観に従って行動すれば、あなたは必ず自分の望む現実を創り出せます。**あなたは、人生を創り出す神聖で偉大な力を使っているからです。その力は、この地球上で、一人ひとりに確実に与えられているのです。**なぜなら私たちは、全員が、創造力を備えた「神」だからです。あなたと私の違いは、確信の深さ、自分に対する愛の大きさ、そして、行動に移す実行力の確かさなのです。それらさえあれば、あなただって、必ず、自分の望む人生を創造することができるのです。

もし、望むような現実を創り出せなかった時は、自分の能力の限界を受け入れ、自分の「内なる神」に本当のニーズを聞いて、そこから、また次なる行動を起こしましょう。

第四章　あなたの〈からだ〉が望んでいること

この章では、〈物質体〉の必要を満たす方法について語りましょう。心理的な次元に関しては、後に続く二つの章で語るつもりです。そこでは、個人の生活、そして、仕事について、お話しすることになるでしょう。

三つの〈体〉を調和させるには、あなたの本当のニーズに耳を傾ける必要があります。私たちの多くは、自分のニーズを聞くことができていません。なぜなら、子どものころ、親たちが彼らのニーズを私たちに押しつけたからです。できるだけ早く、**あなた以外の誰ひとりとして、あなたが本当に必要とするものを知ることはできない**、ということを知らなければなりません。

それを知るには、次の例を挙げるだけで充分でしょう。今、ここで一人の赤ちゃんが泣き続けています。というのも、両親は、赤ちゃんが本当に必要としているものを知ることができないからです。二人はあらゆることを試みますが、残念ながらいずれも役に立たず、赤ちゃんは泣き続けます。赤ちゃんが必要としていることを二人が理解できないのは当然であり、それが人間の限界なのです。この状況を乗り越えるためには、赤ちゃんに、自分たちはあらゆることをしたけれど、赤ちゃんが何を必要とするのか分からなかった、と正直に、誠実に語りかけると良いでしょう。

両親が自分たちに限界のあることを認めれば、赤ちゃんはそれを感じ取り、多くの場合、徐々に泣くのをやめるでしょう。なぜなら、赤ちゃんは、両親が赤ちゃんへの愛に基づいた行為を行ない、また彼ら自身に対しても愛に基づいた行為を行なったということを、本能的に感じ取るからです。まさか、赤ちゃんがそんなことを感じるはずはない、とあなたは思うでしょうか。だとしたら、前の方の章において、愛とはスピリチュアルなものであって、左脳で理解できるものではない、と私が言ったことを思い出してください。

あらゆる人間は、そして一部の動物たちは、人間が発する波動を感じ取ることができます。それは、〈感情体〉や〈精神体〉を超えた領域で起こることなのです。

さらに言えば、私たちが行なう自分自身に対する愛の行為は、エネルギーの流れを整え直すのです。先ほどの例で言えば、赤ちゃんの両親は、自分たちに正直になることで本来のエネルギーを取り戻し、ネガティブな感情によって引き起こされた疲れから解放されたのです。

ここで私は、別の例を思い出します。その子は、お母さんから本当に自立するまでに七年かかり、そのあいだ、お母さんにべったりでした。よく泣く子どもは、実は、母親の感情を感じ取っている場合が多いということを知ってください。この例で言えば、そのお母さんは、子どもが泣き出す時、自分が何を考え、どんな感情を持っているかを確かめる必要があったのです。

私が数多くのお母さんたちから聞いて確かめたことですが、赤ちゃんがよく分からない理由で泣き始めた時というのは、自分がイライラしていたり、非現実的な恐れを抱いていたりした時がほとんどだったそうです。そこで、自分の心の状態を自覚したお母さんは、心を落ち着けて、心地よい状況を、ありありと思い浮かべたと言います。すると、赤ちゃんが泣きやむのです。この方法を使えば、お母さんは、自分のニーズを聞いていなかったために、結果として赤ちゃんが自分のニーズを聞くのを妨げていた、ということに気づけるでしょう。

私たちは、全員が、自分の肉体的および心理的なニーズに耳を傾け、その結果、三つの〈体〉に調和をもたらさなければなりません。三つの〈体〉は分かちがたく結びついており、相互に影響を与え合っているからです。

私たちは、自分の肉体のニーズに耳を傾け、その結果、〈感情体〉と〈精神体〉の状態が改善されると――逆もまたしかり――本当に幸せになります。あなたも、自分のニーズに耳を傾けましょう！　すると、それがどれほど自分のためになるか、本当によく分かるはずです。自分の体が疲れ果てるまで放っておいたら、あなたはエネルギーをすっかり使い果たし、どうしていいか分からなくなってしまいます。その前に、体のニーズを聞く必要があるのです。

さて、ここまで本書を読んできて、自分には、ゆっくり年を取ると決める力がある、ということを理解したのなら、今すぐそれを実行に移しましょう。近い将来のことでも、遠い未来のことでも、自分がしたいことを、すぐに決めるのです。それをどうやればいいか分からなくても、また、どれくらいの時間をかけてそれを実行すればいいか分からなくても、そのことをいつも心に刻み、実現したところをビジュアライズすれば、あなたは自動的に計画に向かって進んでいくことができるでしょう。

私は、二五歳のころにジョセフ・マーフィーの『眠りながら成功する―自己暗示と潜在意識の活用』を読み、それからすぐに自分の生き方を変えました。この本は私にとって、まさに「啓示」でした。この本を読んで、「すべては可能である」ということが分かったのです。とはいえ、私が引き起こした変化は、マインド（表層意識）のレベルのものでしかありませんでした。私は、ポジティブ・シンキングを使って、セールスのチームの代表者として自分の仕事の質を上げようとしていましたが、体の問題を解決するのに使ったのは、マインドの力に過ぎなかったのです。

そのころ私は、さまざまな肉体の不調に悩まされていました。たとえば、腰痛、繰り返す喉頭炎、扁桃腺炎、膣炎、便秘、足のリューマチ、消化不良、慢性的な頭痛、肝機能障害などです。

私は、これらの不調から逃れるためにマインドの力を使い、それはそれで成功しました。しかし、それらは何度も繰り返し現われたのです。私は、そうした肉体的な不調は人間なら当たり前なのだし、私の家族の他のメンバーたちも同じ不調に悩まされているのだから、それらは遺伝の問題だろうと考えて、まったく気にしませんでした。

そのころの私はまだ、こうした遺伝的な要素を変える方法を知らなかったのです。ところが一九八一年、つまり四〇歳になった時のこと、私が体重の問題を解決するために、ポジティブ・シンキングからスピリチュアルな方法へと切り替えた際に、私の人生に劇的な変化がもたらされました。その時の経験を書いたものが、私の『〈からだ〉に聞いて食べなさい』という本になりました。

私は、遺伝子に支配されるのはもういやだ、と思い始めていたのです。そして、家族に共通した思い込み、そして宗教的・社会的な信念から自分を解放し、考え方を変えることによって、遺伝子の支配さえも断ち切ることができる、ということを知ったのです。

しかも、その二〇年以上も前から、科学者たちがそのことを肯定していたという事実を知った時の、私の驚きといったら！　以下に、そうしたブルース・リプトン博士に関する記事の一部を掲げておきます。

細胞株の研究者であり、数多くの書物を著したブルース・リプトン博士は、「遺伝的決定論と後成説とを、はっきり区別するべきだ」と主張している。

「これら二つの考え方の違いは、決して無視できるものではない。というのも、遺伝的決定論と呼ばれる信念は、私たちの人生――それは肉体的、心理的、行動的、感情的な要素によって決定される――が、文字通り、遺伝子によって支配されると考えるからだ」

こうした主張は、オンライン雑誌『スーパーコンシアンス』において、リプトン博士が表明したものである。

「この信念体系は、私たちの一人ひとりを文字通り犠牲者とする。確かに、もし遺伝子が私たちの生命機能を支配するとしたら、私たちの人生は、生命機能を変えうる私たちの能力とは完全に無関係な要素によって決められることになるからだ。このように、自分は犠牲者であると考えた場合、遺伝による病気は、決して避けられないものだということになる。しかし、研究所で得られたデータは、それが事実ではないことを示している」

さて、あなたはどちらの考え方を選びますか？　あなたは、どれくらい自分を愛しているでしょうか？　あなたは、このまま無意識であり続け、あなたの遺伝子に支配され続けたいですか？

それとも、残りの日々を、人生の質を改善するために費やしたいですか？

もし、あなたが、考え方を変えたいと思うなら、まず〈物質体〉のレベルでどうすればいいかを以下に示します。それを実践すれば、あなたの〈感情体〉や〈精神体〉も変化してゆくでしょう。

まず、〈物質体〉のニーズは、重要な順に示すと次のようになります。

良い呼吸をする、水を飲む、良い食事をする、しっかり排泄をする、運動をする、休息を取る。

もし、これらの一つでもあなたがおろそかにすれば、体は充分な能力を発揮できないでしょう。たとえば、空気を吸わなければ、体は数分後に死にますし、水を飲まなければ、数日後には死ぬのです。

私は、著書『〈からだ〉の声を聞きなさい』において、三つの〈体〉に不可欠なニーズを詳細に述べました。以下は、それらを補うものになるでしょう。私の意図は、非常に大事ないくつかの点に関してあなたの注意をひき、体があなたのためにしてくれていることを、あなたがどれほど評価しているかを、体に知らせることなのです。以下に示されていることをみずから実践した結果、私は、若さのエネルギーをたくさん保つことができました。

酸の悪影響

〈物質体〉の自然なエネルギーを奪い、それを早く老いさせるものは何でしょうか？　それは「酸」です。私が子どもだったころ、野菜はビオ（オーガニック）で作られ、化学的な肥料はいっさい使われていませんでした。自然の有機肥料しか使われていなかったのです。したがって、人間や動物が食べていたのは、まったく自然なものでした。しかし、こんにちでは、そうではありません。

いま地球規模で起こっていることを、私たちはコントロールすることができていません。しかし、体に食べさせるものを選択することによって、私たちは体を統御することができます。自然食品しか食べない人たちが増えるに従って、世界規模で徐々に変化が起こっているのです。

私が食物に関心を抱き始めたのは、五〇年以上も前でした。私たちの体を健康に保つために肉を食べる必要がないと知った時、私は肉を食べるのをやめました。もっとも、それまでも、肉は好きではありませんでした。私の母が、健康のためには肉が良いと思い込み、私に食べさせていただけだったのです。もちろん、母を恨んでなんかいません。母の意図は良いものだったのですから。それに、母はそれしか知らなかったのです。もちろん、動物性のたんぱく質を必要としない人がたくさんいる一方で、それをどうしても必要とする人がいることも、私は知っています。

三〇年以上も前から、肉や乳製品を食べようとしない子どもたちが増えているのを、私は確認しています。それは、そういう動物たちに与えられている飼料や、動物たちが受けている仕打ちを、子どもたちが感じ取っているからでしょうか？　最近の子どもたちは非常に感受性が鋭くなっており、私の子ども時代に比べて、自分にとって何が良くて何が悪いかが、本当によく分かるみたいです。幸いなことに、こんにちでは、植物由来のたんぱくである豆乳などが、たくさん市場に出回るようになりました。

私の子どもたちが思春期になった時、私は彼らに、水をたくさん飲むように言いました。しかし彼らは、水よりもジュースを飲みたいと言い張ったのです。ジュースには砂糖が入っているので、体に良くないと私は本能的に感じていました。そこで私は、毎週買うジュースの量を制限することにしました。

やがて、世の中に浄水器が出回り始めました。さっそく私は一台、買い求めました。すると、彼らは好んで水を飲み始めたのです。彼らの最初の反応はこうでした。「ああ、やっとおいしい水にありつけた！」

このことで、彼らの方が私よりもずっと感受性が豊かであり、良いものと悪いものを感じ分ける力を持っているということが分かりました。彼らが水を飲まなかったのは、水道の水がまずかったからなのです。私たちは、子どもたちのおかげで大切なことをたくさん学ぶことができます！

私の孫や、ひ孫に関しては、さらに事情が異なります。彼らに対しては、本当に幼いころから、望まないものを強いることはできませんでした。人類が進化し、スピリチュアルになり、真の知性を備える水瓶座の時代になって、子どもたちがますます敏感になり、自分のニーズを聞くことができるようになったからでしょう。

もしあなたが動物由来のたんぱく質を必要とする人であるなら、あなたは、買うことのできる肉の質に関して、非常に大きな選択肢を持っているということを知ってください。もしあなたが、そのことに関して努力を惜しむようであれば、自分がエゴの声を聞いていないかどうか、確かめてみる必要があるでしょう。それは、自分の選択に意識的になり、〈物質体〉に愛を与えられるようになる、良い機会だと思います。

ビオ製品に関して、あなたは懐疑的でしょうか？　だとしたら、実際に体験してみるようにお勧めいたします。まず、肉、果物、そして野菜に関して、ビオ製品とそうでない製品を購入してください。そして、それらを、交互に、時間をかけてゆっくり、よく噛んで食べ、その「後味《あとあじ》」を注意深く比較してほしいのです。もし、あなたの味蕾《みらい》が酸によって損なわれていなければ、あなたは必ずその違いを感じるはずです。ビオ製品の方が、そうでないものより、ずっといいということが、はっきりと分かるでしょう。

多くの人が、肉と砂糖は、より多くの酸を体にもたらすということを知っています。ましてや、ビオでない肉、精製した砂糖なら、なおさらです。ところが、酸の量は、ほとんどパッケージに表示されていないのです。食物として摂取する酸以外にも、酸性雨や、汚染された大気から取り込む酸があります。

オレンジ、グレープフルーツ、レモンといったアルカリ性の果物を食べるのは、とても良いことです。酸っぱいからといって、その食べものが酸性であるとは限りません。

ところで、日本人たちが――私は、彼らの考え方から大きな影響を受けてきました――病気には二種類あると主張しています。すなわち、伝染病と生活習慣病です。

伝染病はウィルス、細菌、バクテリアなどによって引き起こされます。この分野に関して、西洋医学は大変進歩してきました。一方、生活習慣病は、年を取るに従って、体の中に酸が蓄積され、それが血液や細胞の活動に悪影響を与えることによって引き起こされます。そして、多くの薬が酸を含んでいるのです。ですから、西洋医学は、ウィルスや細菌、バクテリアに由来する病気には有効なのですが、加齢に由来する生活習慣病には、あまり有効ではありません。

韓国系のアメリカ人であり、エンジニア、科学者、発明家でもあるファン博士は、その著書『長寿の秘密』の中で、次のように言っています。

- 栄養分の代謝によって、体にはエネルギーが与えられるが、一方で、老廃物も生じるので、それらを排泄しなければならない。うまく排泄できないと、体は老いる。
- 酸性食品をとりすぎると、血中の酸を中和するために、蓄積してあるカルシウムを消費することになる。酸性食品を摂取し続ければ、体はカルシウムを補強することができなくなり、骨成分をどんどん失い、やがては骨粗鬆症になるだろう。私は、酸性食品をなるべくとらないようにしているので、年を経るに従って、私の骨成分はますます増えている。

・体の中に酸が増えれば増えるほど、生命に必要な酸素が減っていく。砂糖は、体から最も多くの酸素を奪う代表的な食品である。

・私たちが休息している時、生産する以上の老廃物を排出することができる。私たちがストレスにさらされている時、体はより多くの酸を作り出す。なぜなら、体は消化のスピードを速め、そのために、排出するよりも多くの老廃物を作り出すからである。したがって、肉体的、感情的、精神的なストレスは私たちの老いを早める。

・体に老廃物が溜まると、私たちの細胞は傷《いた》み、したがって老化する。酸素が不足すると、特に細胞は死滅する。

・体の老廃物を排出できるのは「水」だけである。したがって、老廃物を排出するのは、大便によってではなく、小便または汗による。大便が主として排出するのは、体が使わなかった食物の残余分や腸内細菌、新陳代謝した胃腸の上皮細胞などである。

以上のことからも、水を飲むことがどれほど大切か分かるでしょう。また、できるだけ純度の高い水を飲むことが重要です。なんらかの方法で水を浄化したとしても、そこから何か大事なものが失われるわけではありません。

水を飲むことの重要性

血液のpH（水素イオン指数）は、7・3から7・45のあいだに維持される必要があります。したがって、私たちはバランスの取れた、体に良い――pH7、つまり中性の、あるいはアルカリ性の――水を飲む必要があるのです。pHが4の水は酸性であり、pHが10の水はアルカリ性です。水を飲むことによって、私たちの体内に蓄積された酸が、どんどん排出されていきます。

先ほどのファン博士によって指摘された興味深い事実を紹介しましょう。それは、pH2・5のコカ・コーラ（ものすごい酸性）を一本飲むと、それを中和するために、三二杯のアルカリ性の水を飲まなければならない、というものです。ですから、この地球上でたくさんの人たちがコーラを飲んでいるというのは、由々しき事態なのです。

ファン博士の本を読んだあとで、私は、水を酸性水とアルカリ水に分けるイオン化装置を購入しました。この装置は、誰でもインターネットなどで簡単に購入できます。今では、私の家族は、こうしたアルカリ水しか飲みません。私がアルカリ水を飲み始めてから一二年が経ちますが、私が健康を保っている大きな理由は、この水にあると思っています。アルカリ水を飲んでいると、エネルギーが高いレベルで維持されるのです。

先に、体の老廃物（酸）は、小便と汗によってしか排出されないと書きました。したがって、運動もしないのに汗をたくさんかく人は、体から重大な警告を受け取っているということなのです。つまり、体が老廃物でいっぱいになっているということです。ですから、そういう人は、もっと水を飲んで、酸性の食品――動物性の食品、砂糖を含む食品――を減らす必要があるでしょう。ここで言う「砂糖」には、パンやパスタのような糖質の食品も含まれる、ということを覚えておいてください。

運動をする時、または気温が高い時の自然な発汗は、体温を一定に保つために役立ちます。この場合にも、水をたくさん飲むことが大切です。なぜなら、発汗で失った水分を補う必要があるからです。また、ダイエットやその他の理由で体重が軽くなった場合にも、水を飲むことが極めて重要です。なぜなら、余分な老廃物を排出する必要があるからです。

一日に、少なくとも二リットル*の水を飲む必要があるでしょう。とはいえ、自分はそんなに水を飲まない、という多くの人たちにも出会います。なぜなら、そんなに喉が渇かないし、あまり水を飲みたいとも思わないからだ、と彼らは言います。なのに彼らは、他の飲みものは、けっこう飲むのです。これこそが、無意識であるということの好例でしょう。地球上には、水を必要としない有機体など存在しないのです。

〔＊訳者注：欧米に比べて日本は湿度が高いので、皮膚からの発散量がそれほど多くありません。したがって、二リットル飲むのは多すぎる可能性があります。各自で、適量を探ってください〕

水と、他の飲みものは、区別しなければなりません。純粋な水は、人体に必要な化学的組成を備えています。それに対して、コーヒー、コーラ、ジュース、スープなどは、そうではありません。体が必要としているのは、水なのです。

喉の渇きを感じない人は、そのほとんどが、体のニーズを聞かない人でしょう。彼らの体は、自分の声を聞いてもらえないので、やがてニーズを伝えないようになります。

たとえば、夫に向かって、そんなに塩分をとるのは健康によくないですよ、と言い続ける奥さんがいるとしましょう。二年たっても、自分の言っていることを聞いてもらえないとすると、この女性はもう言うことをやめるでしょう。この女性と体はよく似ているのです。やがて、この男性は、ガンにかかって亡くなるかもしれません。すると彼女は、まわりの人たちに向かって、夫は自分の言うことを聞くべきだったと言うでしょう。でも実は、この女性は、ご主人と同じように「無意識」でした。彼女のまわりの人たちは、彼女に対して、同じように、もっと水を飲んだ方がいいですよ、と言い続けてきました。しかし、彼女はそれに対してまったく耳を貸さず、自分は喉が渇かないから水を飲まない、と言い続けてきたのです。

空気に次いで、水は、私たちの体が最も必要としているものです。それなのに、体に水を与えないで、体を健康に保つことができるでしょうか？　もし、健康と、美しい肌と、あふれんばかりのエネルギーを保証してくれる錠剤が一錠一〇万円で買えるとしたら、ほとんどの人がそれを買うでしょう。もっと高くても買うはずです。このように人々は、努力を必要とせずに、自分の問題を解決してくれる方法を追い求めるものです。一日に水を二リットルほど飲みさえすれば、それが可能だというのに！　しかも、水はどこでも手に入れられて、ほぼ無料なのです。

私は、同年代の女性たちに比べて、肌の潤《うるお》いと張りを、はるかによく保っていると感じます。それは、私がたくさん水を飲んでいるからだと思うのです。二五歳を過ぎると、毎年一パーセントずつコラーゲンが減っていきます。コラーゲンが減れば減るほど、しわが増え、肌は潤いと張りを失い、傷は治りにくくなります。

数年前に私が出会った自然療法家は、五〇歳を越えたすべての人たちに向けて、水一リットルに対し酸素水を一滴たらして飲むように勧めていました。老いれば老いるほど体には酸素が不足し、しかも酸素は、生命そのものだと言うのです。私はその時以来、それを実践していますが、毎年受ける健康診断の際に、私の医者は、私の血液に含まれる酸素の量にとても驚きます。これこそ、私の実践の成果だと思うのです。酸素水は自然食品を売っているお店などで入手することができます。そうした水に、レモンやキュウリの一切れを入れれば、効果はいっそう確かなものとなるでしょう。それが嫌な人は、氷を一かけらだけ入れてもよいでしょう。

さらに知っておいた方が良いのは、ミネラル・ウォーターの効果は、純粋な水には及ばないということです。私たちの体が必要としているミネラルは、果物や野菜から得られる有機的なものに限られます。ミネラル・ウォーターに含まれる無機のミネラルは、体に入ると老廃物として扱われ、体から排出されてしまうのです。さらに、それらのミネラルは、私たちの腎臓を疲労させます。

どれくらいの間隔で水を飲むかということも、大切な要素です。一日を通して、少しずつ水を飲むとよいでしょう。一度にたくさん水を飲むと、体が適切に処理できないので、すぐに排泄されてしまいます。また、食事中に水を飲むのはやめた方がいいでしょう。ただし、食事の前に大きなグラスで飲むのは推奨されます。そうすれば、食欲に任せてたくさん食べ過ぎるのを防ぐことができるからです。

もしあなたが、これからずっと体を支援したいのであれば、グラス一杯の水、あるいはペットボトルの水を、いつもすぐそばに置いておくとよいでしょう。そうすれば、水を飲むのを忘れることがなくなり、やがてそれは習慣となるはずです。何かが習慣になるには、平均三カ月かかるとされています。特に、それが私たちにとって「良いこと」である場合、習慣にするのは難しいのです（「悪いこと」は、すぐに習慣化します）。ですから、良いことを習慣にするには、きちんと自分を律する必要があるでしょう。それはまた、自分を愛することでもあるのです。

この本には、より意識的になるための方法、肉体的に快適に年を重ねるための方法、さらには、どうすればそうしたいと思えるようになるかが、たくさん紹介されています。選択をするのはあなたです。どうぞ、あなたが自由に選んでください。

もし、あなたが食事中にワインを飲むのだとしたら、ここに良い忠告があります。それは、ワイングラスの横に、水を入れたグラスを置いておくことです。ワインを飲むたびに、水も飲むようにしてください。そうすれば、ワインをゆっくり飲むことになりますし、体に必要な水分も摂取することができます。これは、ワイン以外のアルコールに関しても同じです。

消化と排泄

体の主要なニーズにおいて、消化と排泄はとても大きな位置を占めます。しかも、これらは心理状態によって非常に大きく左右されるのです。

消化と排泄を良いものにするために、たんぱく質と糖質は別々に食べることをお勧めします。というのも、消化するのに、たんぱく質は酸性の環境を必要とし、糖質はアルカリ性の環境を必要とするからです。あなたがもし、肉や魚と米やジャガイモを同時に食べたとすれば、あなたの胃の中は酸性であると同時にアルカリ性となり、つまりは両方の食物はいずれもきちんと消化されなくなる、ということなのです。さらに、この状態では、消化と排泄が非常に複雑になって遅くなり、あなたは食後もずっと重苦しく、疲れた状態になるということです。それを理解するには、実際に体験してみるといいでしょう。たとえば、肉や魚と一緒に、米やジャガイモの代わりに、野菜やサラダを食べてみてください。体の受ける感じがまったく違うはずです。緑色野菜は、パンや糖質よりもずっと消化されやすいということを覚えておいてください。

また、食事の最後にデザートは食べないようにしましょう。そうすると、体が酸性になってしまうからです。私はもう長年これを実践していますが、今では何の無理も感じません。砂糖をとらなければ、私たちの体は消化と排泄をとても楽に行なうことができるのです。したがって、それは体に対する〈愛〉だと言ってよいでしょう。砂糖は酸性なので、胃の中で他の食べものと混ざると、胃の中全体が酸性になってしまうのです。さらに付け足すならば、砂糖をとらなくなってから、私はますますエネルギッシュになりました。

どうしても甘いものが食べたいのであれば、食べたものがきちんと消化されてからにしてください。目安としては、食後二時間くらいしてからでしょう。そうすれば、消化と排泄がスムーズに行なわれ、したがって、酸と老廃物を溜め込まずに済むはずです。二時間以上たってから甘いものを食べるようにすれば、多くの場合、やがて甘いものを食べたいと思うこと自体がなくなっていくでしょう。体にとっては、さらに良い結果になるのです。

さらに果物について言うとすれば、果物はそれだけで食べるなら、すべてアルカリ性であるということです。すっぱい味のレモンですら、そうなのです。ただし、他のものと一緒に食べた場合は酸性になります。ですから、果物だけを食前、それも三〇分くらい前にとるとよいでしょう。

規則的に食事をするというのも、とても大事なことです。一般的に、体は食べものを四時間から六時間かけて消化します。この時間の後に、次の食事に対する準備ができるのです。

もしあなたが、七～八時間くらい食事をせずにいたとすれば、体は食事ができなくなることを恐れ、体の中に栄養素を溜め込むでしょう。すると、体の調子が狂って、排泄もうまくいかなくなります。

もしあなたが、規則的に食事をすることができないのならば、たとえばアーモンドなどをおやつとして食べ、体には、次の食事まで待ってもらうのがいいでしょう。あなたが、おなかがすかないから食べない、という人であれば、それは、喉が渇かないという人と同じです。あなたは、肉体的なニーズ、そして心理的なニーズを聞くことができない人なのです。したがって、あなたは多くの病気の原因になる〈否認〉をしている可能性が大きいということになります。

この本の前の部分で、三つの〈体〉は分けて考えることができない、と述べました。〈物質体〉が消化し、排泄するのを支援することができれば、あなたを悩ます人々や状況を〈消化〉し、〈排泄〉することが、ずっと容易になるでしょう。ある種の良き習慣は、実践するのが難しいものですが、日常的に努力をすることによって、自分が望むことを、より容易に実現できるようになるのです。自分のニーズをしっかり聞けば、あなたはエネルギーをそれほど失わなくなります。そうすれば、老化のスピードを遅くすることができるでしょう。

可能な時にあなたが肉体を支援することで、あなたがそうできない時も、肉体はあなたに協力してくれるでしょう。たとえば、私が外国に行って、私の体が必要とする食物をとることができない時、体は私にとても協力的になります。そういう場合、私は、その土地の食物が持っている栄養素がよく分からないこと、そして、排泄にふだん以上の努力が必要になるであろうことを、時間をかけて体に説明します。さらに、家に帰ったら、今度は私が体のニーズに対して協力する、ということを約束するのです。

自分の体に話しかけることは、とても有効です。私は、これまでの二五年間、毎年、二五回から三五回くらい旅行をし続けています。そして、どんなに時差があろうとも、私は旅先に到着するやいなや多くの業務をこなし、多くの活動を行なうためのエネルギーを、充分に確保することができています。ですから、私が体とのあいだに維持している関係のおかげで、私はどこへでも一人で旅行でき、しかも、まったく時差に影響されません。

もしあなたが、自分の肉体のニーズを聞くことができていないとしたら、それはあなたの精神で起こっていることを反映しています。つまり、あなたは、恐れや罪悪感に直面した時、ハートの声ではなく、エゴの声を聞いているということなのです。

私たちが体験するあらゆる恐れは、消化がうまくいっていないことに原因があります。一方で、あなたがおなかのあたりに恐れがあるのを感じる時、あなたは体がきちんと機能していないことを感じるでしょう。つまり、あなたの体はうまく消化をすることができず、したがって、排泄もうまくいっていないということなのです。たとえば、食事の最中に恐れを感じたような場合、その後の消化がうまくいかないということを体験したことがあるでしょう。

そんなことが起こった時、ほとんどの人は、食べたものに原因があると考えるはずです。私も、以前はそう思っていました。でも、ある時、私たちが〈消化〉できないのは食べものではなく、ある人、または自分自身なのだと気づいたのです。それ以来、消化がうまくいかない時は、「私は、いったい誰を〈消化〉できないのだろうか?」と考えるようにしています。

次回からは、あなたも同じようにしてみてください。実際に消化がうまくいかない時にそう質問してみれば、とても簡単に答えを発見することができるはずです。そして、急いでその人を消化しようとするのではなく、いつか消化できるようになるだろうと考えればいいのです。

さらに、それはあなたの〈心の傷〉が活性化されたのであり、そのことが、その人に対するあなたの反応を引き起こしたのだと考えましょう。心の傷を癒すためには、充分な時間をかけるようにしてください。私もずっとそうしてきました。そして、その結果、私の体は機能を回復し、消化も正常に行なわれるようになったのです。

消化と排泄に影響を与えるもう一つの要素は、罪悪感です。あなたが罪悪感を持った時、あるいは罪悪感を感じまいとして何らかの振る舞いをした時に、その悪《あ》しき原因を作ったのです。その時あなたはエネルギーのレベルでブロックを作ったのであり、それがさらに、排泄のレベルのブロックを作ったのです。

排泄に関して言うならば、多くの人が、毎日排泄をしなかった場合に、それを便秘である、と考えます。しかし、老廃物を毎日すべて排泄しているという人は、本当にわずかしかいません。逆に、毎日排便があったからといって、便秘でないとは言えないのです。私たちの排泄する力は、人生でどれだけ「手放しているか」と関係しています。あなたがエゴに支配されている時、あなたは「手放す」ことができていません。

また、人を太らせるのは、摂取する食物ではなく、〈罪悪感〉なのだということも知っておいてください。あなたが体重の問題を抱えており、「ああ、また食べすぎてしまった！」とか「もっと早めに食べるのをやめるべきだった！」とか「うわー、太ってきたなあ！」などと考えているとしたら、それは、あなたが罪悪感を持っており、もっと太ったら何かまずいことが起こるに違いない、と思っている証拠なのです。

すると、あなたは太る原因になるものを食べるのをやめようとし、それを食べてしまった時は、ますます罪悪感を持つようになるでしょう。このように、自分をコントロールしようとすればするほど、あなたは太り続けるはずです。なぜなら、そんなふうに考えるということが、そもそも、いつおなかがいっぱいになったかを感じるのを不可能にしてしまうからです。だから、あなたは体が必要としている以上に、飲んだり、食べたりしてしまうのです。

たとえば、食事を大幅に制限することで、あなたは体重を減らすことができるかもしれません。しかし、その代償を考えたことがありますか？　私たちは、未来永劫にわたって自分をコントロールできるわけではありません。そのうち必ず、コントロールできなくなる日が来るのです。それによって、また新たに罪悪感を抱くことになるでしょう。そして、もう二度と同じことは繰り返すまいと自分に誓ったり、あるいは、コントロールを失ったことにはちゃんとした理由がある、などと考えたりして（エゴの声）、否認をするというわけです。この否認によって、自分が自分をコントロールしようとしたことさえ、忘れてしまうでしょう。

私に関して言えば、可能な限り、ふだんは健康な食事をしますが、たとえばパーティの時など、いつもよりたくさん食べたり飲んだりすることもあります。そんな時、すでに述べたような形で、私は体に語りかけます。そのおかげで、私の体重は安定しているのです。

もし、あなたが不健康な食事をして、そのことで恐れや罪悪感を持っているとしたら、あなたは体からエネルギーを奪い、体に悪影響を与えています。その場合、長い目で見れば、やがて健康面に問題が出てくるでしょう。なぜなら、あなたは体の中に〈毒素〉を溜め込むことになるからです。この毒素は体じゅうをめぐり、ある特定の部位に蓄積されて、やがて病気として発現するでしょう。

あなたが、肉体的、感情的、そして精神的な不調を感じるたびに、あなたの内部ではエネルギーのブロックが作られている、ということを覚えておいてください。

医学的な見地によれば、毒素は、体の弱い部位に蓄積されるということになっています。しかし、私の観察によれば、毒素は、恐れや罪悪感に結びついた部位に蓄積されるようです。たとえば、ある人が、未来に関して恐れや罪悪感を持つと、毒素は足の部分に蓄積されます。

健康問題の心理的な原因を知りたければ、病気になった部分が何のために使われる部分であるかを問えばいいのです。この例で言えば、足は前進するために使われる、つまり未来に関わる体の部分なのです。

もし可能であれば、毒素や酸が蓄積された体の部位を手当てして、それらが排泄されるのを助けるようにと、私は人々に助言してきました。私たちが、山間部や田舎に住み、健康的な食物だけを摂取するとしたら、このように体の面倒をみる必要などないでしょう。しかし、こんにち、私たちの多くは汚染された環境に住んでいます。したがって、私たちが体と協力しなければ、体が単独で自己管理することは、とても難しくなっているのです。

以下に、私が何年も前から受けている、専門家による手当てを挙げておきましょう。それは、結腸の洗浄、リンパ液の循環促進、美容術、治療的マッサージ、サウナ浴、整骨療法、頭皮のトリートメントなどです。

さらに、年に一回は肝臓の解毒を行なうとよいでしょう。肝臓は、あらゆる排泄物を最初に濾過するフィルターの役割をしているからです。肝臓は、自然ではないもの、体がその時必要としていないものを、すべて取りのぞきます。肝臓は、脳に次いで、私たちの体内における最も活発な臓器である、ということを知っていましたか？　肝臓は、それほど大事で不可欠な働きをするために、私たちの体の中で唯一、みずから再生することのできる臓器なのです。

実際、もしあなたの肝臓の一部を切り取ったとしても、数カ月後には元の大きさを取り戻すことでしょう。スピリチュアルな世界との関連で言うならば、肝臓は、抑圧された怒りが蓄積される場所だと見なされています。もし、そうした怒りが蓄積した場合、肝臓は、毒素を排出するためのエネルギーを奪われることになるでしょう。

自然療法の分野も、肝臓を浄化して強化する、いくつかの方法を提供しています。私は、食べるものや飲むものに充分な注意を払っていますが、それでも、数年前から、自然療法家のアドバイスを受けるようにしています。私は、たびたび旅行をしますので、レストランで食事をすることが多く、したがって、自分の体を浄化する必要を感じるからです。私たちの体とは、私たちが住まう家なのです。もし、毎週その家を部分的にしか掃除しないとしたら、五〇年後には、その家はいったいどうなっているでしょうか？

私は、週に一日、プチ断食を行なうようにお勧めします。そして、解毒の季節である秋と春には、もう少し長い断食を行なうとよいでしょう。断食の後は、いつも活力を感じます。とはいえ、断食の際には、必ず専門家によるアドバイスを受けてください。

エネルギーを浪費しないために、あるいはエネルギーを取り戻すために、私たちが体のためにできることは、本当にたくさんあります。ですから、いつまでも若さを保つということは、魔法でも何でもないのです。それは、自分自身に対する愛の行為であり、それによって、必ず効果が出るでしょう。

年の取り方に大きな影響を与える心理的な側面に関しては、のちほど、さらに詳しく語っていくつもりです。

〈エネルギー体〉を浄化する

ずいぶん前に、私はカリフォルニアで開催された、癒しに関する一週間のワークショップに出たことがありますが、その時に初めて、〈エネルギー体〉と七つのチャクラについて知りました。そして、シャワーを浴びる、泳ぐ、滝のそばに行く、などの行為によって、エネルギー体が浄化されるということを知ったのです。そうすることで、自然のエネルギーとふたたび接触することができるということでした。

その時以来、私は、朝と晩にシャワーを浴びるようにしています。しかも、最後の三〇秒のあいだは、耐えられる限り最も低温の水を浴びるようにしているのです。ワオ！　これは体に対するまたとない刺激になります。この冷たい水が、私のエネルギーを急速に回復させるのを感じます。

夜に浴びるシャワーは特に大切です。というのも、一日のあいだに、私たちは、まわりの人たちのエネルギー、あるいは、自分がいた場所のエネルギーを受け取ってしまうからです。もちろん、朝のシャワーも不可欠です。というのも、夜のあいだ、〈物質体〉は眠っていますが、〈感情体〉と〈精神体〉は非常に活発に働いているからです。実際、それを覚えているかどうかに関わりなく、私たちが見る夢は、前日に体験したことから感情体と精神体が影響を受け続けていることのしるしなのです。ですから、目覚めた時に、そうした影響を受けたエネルギー体を浄化することが、とても大切なのです。

たとえば、あなたがとても怖い夢、あるいは苦しい夢を見たとしましょう。それは、前日、あなたがとても怖い経験、あるいはとても苦しい経験をし、しかもそれを意識化できていなかった、ということを示しています。物質体が、病気を使って、あなたが見ようとしないものを見せようとするのに対して、感情体と精神体は、あなたが前日に体験し、しかも無意識の中に抑圧してしまったことを、夢を通してあなたに意識化させようとするのです。

ですから、苦しい夢を見ると私は、いつも私の体に感謝します。そして、ベッドから出る前に、じっとしたまま時間をかけて、その夢を分析するのです。動くと、夢の一部が失われてしまうからです。こうして、前の日、何が私に苦しみを与えたのかをよく考えると、必ずその答えを得ることができます。そして、自分には前の日に苦しんだという記憶がなかったので、いつも新鮮な驚きを感じるのです。特に、新しい本を書き始めると、一晩に一つか二つ、このタイプの夢を見るようになります。そして、自分が思っている以上に苦しんでいるということを自覚するのです。この場合、苦しみの原因は、本の内容をどうするかであったり、執筆の進行具合であったり、本を書く時間を奪う突発的な出来事であったりします。

ひとしきり夢に感謝したあとで、私は、しばらくのあいだ、自分に苦しむことを許します。時を経るに従って、この種の夢を見た後では、朝のシャワーがとても役立つということに気づくようになりました。そこで、いつも以上に時間をかけて、シャワーを浴びるようにしています。

あなたにも、ふだんよりも長くシャワーを浴びていたいと感じることがあると思います。それはたぶん、他人のものであれ、自分のものであれ、ふだんよりもたくさんの否定的な感情と接触した、あるいは、肉体的にきつい仕事をしたということが原因でしょう。あなたのエネルギー体が、いつもより重くなっており、そのために、蓄積したものから解放されたがっているのです。

あなたが、他人の幸福や不幸の原因が自分にあると考えるタイプの人であるなら、あなたは周囲のエネルギーを必要以上に受け取っている、ということを自覚しなければなりません。そういう人は、自分のエネルギーの状態を感じ取りながら、数日のあいだ、朝と晩のシャワーをしっかりと浴びるようにしてみてください。きっと違いが感じられると思います。ここで知っておいてほしいのは、あなたが使う石鹸の量ではなく、あなたが浴びる水の量が、悪いエネルギーを洗い流すということです。泳ぐことがよいのも、同じ理由からです。

体と同様に、あなたの肌も重要な要素です。清潔で健康な肌は、とても良い呼吸をします。私は、三〇歳になったころから、肌のお手入れを入念にするようになりました。そのころ、私の肌は色つやがとても良かったのですが、空気中には汚染物質がたくさん漂《ただよ》っているということを知ったので、肌の手入れが必要だと思ったのです。それは、自分自身に対する愛の行為です。そこで、昼のあいだにつけるクリームと、夜のあいだにつけるクリームを別々のものにしました。また、太陽の光にさらされるような時は、日焼け止めのクリームを塗るようにしています。このような行為を通して、私は自分の肌に愛の思いを伝えているのです。

肌を支援するために私が行なうこれらのことは、生命そのものでもある酸素を吸収し、毒素である二酸化炭素を排出してくれる肌に対する、感謝の表わし方です。くすんだ肌は、酸素が不足しているということを教えています。ほとんどの人々が、きれいな空気の中で暮らしているわけではありません。もし、きれいな空気の中で暮らせていたら、私たちは全員が、ピンク色のつややかな肌をしているはずです。しかし、現実はどうであるかといえば、私たちは、ほとんどの場合、エアコンの効いた環境で仕事をしており、つまりは不活性な空気の中にいるということなのです。もし、これまで述べたことをあなたが実践したとしたら、あなたは、体の排泄を助け、あなたからエネルギーを奪う老廃物の排出を促したことになります。その結果あなたは、病気や不調を避け、老化を遅らせることになるでしょう。

感情体や精神体と同様に、あなたの物質体も丁寧に扱ってあげてください。三つの〈体〉は、緊密に結びついているのです。素晴らしいのは、それらの〈体〉のどれか一つに関して何らかの働きかけをすれば、それはただちに、残りの二つの〈体〉に伝わるということです。

たとえば、あなたが食事の内容を変えたとすれば、あなたは、振る舞いのレベル、あるいは在り方のレベルでも変化が起きたと感じるはずです。また、たとえば、あなたがある〈思い込み〉を意識化して、あなたの態度を変えたとすれば、あなたは肉体のレベルでも変化を感じるはずです。このように、意識的になることは、あなたにとって非常に大切なことなのです。

一年くらい会っていなかった人にふたたび会うと、その人の肉体——体重、髪型、服装、持ちもの——などが変わっていることに気づくことがあります。そして、その人が、感情や精神のレベルでも変わったことが分かります。それを指摘してあげると、ほとんどの人が驚きますが、このように肉体は、他の二つの〈体〉の影響を大きく受けるのです。

さて、ここまで、若さを保つには、毒素を排出し、なおかつそれを新たに作り出さないことが大切だとお伝えしてきました。今あなたは、自分の人生を変える用意ができているでしょうか？　私たちを害する振る舞いや態度を変えるために必要な、三つの要素を以下に挙げておきます。

①新しいことに挑戦する勇気を持つ。
②自分の本当のニーズに気づくために、ある振る舞い、ある態度をやめる決意をする。
③勇気を持って行動を起こす。

肉体的なエクササイズ

エネルギーが順調に体をめぐるためには、運動、休息、そして好きなことをする、という三つの要素が不可欠です。

若いころは、日常的に運動をすることが、いかに大切であるかが分かりませんでした。それが分かってからは、歩くことを心がけるようになり、それが今では、私の好むエクササイズになっています。歩くのは簡単であり、どこでも無料で行なうことができます。また、歩くことで、体じゅうのあらゆる器官がマッサージを受けることになるのです。毎日続ければ、やがて習慣になって、何の苦もなく実行できるようになるでしょう。

多くの人たちが、長く歩くと、足や膝、そして腰が痛くなると言います。だからこそ、始めるのが遅くなりすぎる前に、毎日、きちんと歩くようにする必要があるのです。さあ、さっそく今日から始めましょう。

肉体的な活動が習慣になるには、つまり、第二の天性となり、努力しなくても自然にできるようになるには、すくなくとも三カ月は続ける必要があると言われています。最初のうちは、たとえ一五分しか続かなくても、毎日歩けば、少しずつ楽にできるようになるでしょう。そして、ある程度続けたら、今度は、歩く時間を少し増やすようにすればいいのです。

時には、快適な居間にいた方がいいと思うことがあるのを、私は経験上知っています。そういう時こそ、歩くことによって体が感じる爽快さを思い出してほしいのです。そうすれば、また家から出る勇気が湧いてくると思います。

体があなたを助けてくれていると感じるなら、あなたも体を助けなくてはなりません。そうしなければ、あなたと同様、体も努力するのをやめてしまうでしょう。それは、愛する人たちとの関係とまったく同じです。あなたが彼らのために何もせず、それなのに、あなたが必要とする時に彼らがあなたを助けてくれることを期待しているとすれば、やがて彼らは、あなたのために何もしてくれなくなるでしょう。

結婚して家庭を営み始めた時、私は歩くことが好きだったにもかかわらず、歩かないためのあらゆる理由を見つけ出しました。家事があり、子どもたちの世話があり、しかもフル・タイムの仕事があるのだから、歩くための時間がないのは当然だ、と考えたのです。

四〇歳近くになって、体の大いなる知性に、より意識的になった時、週に三〜四回歩くことを始め、また、朝ベッドから出てシャワーを浴びる前に、毎朝、簡単な体操をするようになりました。生活は前よりも忙しくなっていたのですが、なんとかしてそれらの時間を確保したのです。

人生において、時間が足りないということは決してありません。ただ、足りないと思っているに過ぎないのです。実際には、**望むことをする時間が足りないということはありえません。**エゴの恐れに支配された時だけ、時間が足りなくなるのです。ハートの声をしっかり聞いていれば、そのようなことは起こりえません。

私はある時、毎朝、それまでより一五分から二〇分くらい早く起きることにしました。体操をしっかりして、エネルギー体を浄化するためにシャワーを浴びようと思ったからです。その結果は驚くべきものでした。以来、四〇年以上にわたって、その成果を収穫し続けています。とはいえ、私が体操の積極的な効果を本当に感じるようになったのは、七〇歳を越えてからのことなのです。いま、私の体は自在に動きます。階段の上り下りも素早くできますし、かがむこと、立ち上がることに、なんの不自由も感じません。朝起きると、感謝の思いを私の体に伝え、そのお返しとして、体のために運動をしっかり行なうのです。

私を知る人たちは、しばしば、私が頑強であり、規律正しく意志が強い、そして、いつまでもそうであるのがうらやましい、と言います。その上で、その人たちは、自分をコントロールすることができない、だから運動ができないのだ、と言います。そこで私は、彼らに、**コントロールは恐れから来ており、自律は愛から来る**と説明するのです。

自分をコントロールする人は、罪悪感を持たないようにするために、毎日散歩をします。散歩に行けない日があると、その人は、自分自身に対し、または他人に対し、散歩に行かなかったことを正当化しようとするでしょう。一方、みずからを律する人は、愛ゆえに、そして自分自身のためにそれを行ない、散歩を終えてからの爽快さを考えながら行ないます。散歩に行けない日があっても、自分の限界を素直に受け入れ、決して自分を正当化しようとはしません。

どんな運動をしているのかと、しょっちゅう人々は私に尋ねます。そこで、これからそれを、あなたと分かち合おうと思います。

まず、毎朝、私は手足の屈伸運動を五つから六つ行ない、それから、ヨガの「五つのチベット体操」を行ないます。さらに、「テクニック・ナドー（Technique Nadeau）」と呼ばれる体操を行ないます。時間がある時は、それらに加えて、あと一つか二つエクササイズを行ないます。

五つのチベット体操はチャクラのバランスを整え、テクニック・ナドーは、骨盤を回転させることによって体全体のバランスを取り戻します。もし、それらについて知りたければ、インターネット上で簡単に情報を得ることができるでしょう。

もし、こうしたエクササイズに不慣れであれば、最初は自分にあまり多くを要求しないことです。あなたの体を信頼しましょう。エクササイズの回数をいつ増やせばいいかは、体に聞けば教えてくれるはずです。あなたが何歳であれ、始めるのに遅すぎるということは決してありません。

いくつかのエクササイズを試してみて、自分に向くものを選ぶとよいでしょう。毎日、そうした運動をする機会は必ず作れるものです。あとは、それを意識しさえすればよいのです。これまでより少し速く歩いてみる、手すりにつかまらずに階段を上り下りしてみる、エレベーターではなく階段を使うようにしてみる、などなど。こうして肉体を支援するたびに、あなたは体に愛を与えていることになり、体が自然な状態を保てるように手助けしているのです。

数年前に学んだもう一つのテクニックは、歩く時、おへそから前に糸が出ていて、それを、前を歩く人が引っ張ってくれている、と想像することです。これは本当に効果抜群です。さらに、おへそから糸が出ていると想像すると、私の体は自動的に垂直になります。

これをするようになって以来、私は、年を取った人たちが、まるで重い荷物を背負っているかのように、前かがみになって歩いていることに気づくようになりました。

体をまっすぐ立てて歩くようになって以来、歳月の重みを背負って歩くのではなく、過去を断ち切って〈いまここ〉に生きられるようになりました。歩くのが、ずっと軽やかになったのです。

先ほど私は、ある行為が習慣になるまでには約三カ月かかる、と述べました。それは、脳が新たな神経回路を作るのに必要な日数であるようです。脳は非常に可塑性に富むので、常に新しい神経回路を作り出すことができます。一方で、使われなくなった回路は、人が通らなくなった道と同様、少しずつ消えてゆくようです。

これまで、あなたは、脳の中にたくさんの神経回路を作ってきました。あなたのすべての習慣が、そうして作られたわけです。たとえば、テーブルの同じ場所で食事をする、午後の決まった時間にお茶をする、いちいち動作を考えなくても車の運転ができる、自然に「ありがとう」と言える、賛成できないことがあると、すぐに批判し始める、などなど。

脳は、肯定的な神経回路と否定的な神経回路の区別をしません。あなたの意識の指示に従うだけなのです。つまり、**あなたの人生を創り出すのは、あなた自身なのです。**

行動も、思い込みも、依存も、すべてが記憶に蓄積され、脳の中に神経回路を作り出すのです。ある回路は、他のものよりも重要になるでしょう。たとえば、恐れによって記憶の負荷が大きくなれば、回路もまた強固なものとなります。強迫観念などは、高速道路にたとえることができるかもしれません。

私たちは、全員が、新たな神経回路を作り出せますし、不要になった回路は消すことができます。

それが重要な神経回路であれば、より長く存続することになるでしょう。しかし、必ずしもそうならない場合があります。「奇跡」というものが存在するからです。強く望み、ビジュアライゼーションを行ない、実際の行動に移すことによって、私たちは物事を変えることができるのです。

効果的な休息

休息に関しては、体のニーズを知ることによって、いつ、どれくらい休息を取ればいいかが分かる、ということを知っておいてください。また、あなたの体以外のニーズを聞けば聞くほど、休息と睡眠の時間が少なくなる、ということも知っておきましょう。

私たちの体のエネルギーは、九〇分のサイクルで変化します。最初の六〇分のあいだに、私たちのエネルギーはゆっくりと低下し、次の三〇分のあいだに増加します。このサイクルは睡眠のあいだも続きます。一般的に、エネルギーが低下する時は、それを感じ取ることが簡単になるでしょう。

このエネルギーのサイクルに注意を向けてください。一日のあいだに、突然エネルギーが低下し、まぶたが重くなるようであれば、一〇分から一五分の休息を取るとよいでしょう。その際には、ゆったりと座るか、もし可能なら、横になってください。そして、目を閉じ、呼吸に意識を向けます。もし眠くなるようなら、あなたの体に、「一五分だけ眠ってもいいよ」と言いましょう。というのも、それ以上昼寝をすると、夜の睡眠に影響が出るからです。体にそう言っておけば、ちょうどよい時間に目が覚めるはずです。もし心配なら、携帯電話のアラームを使えばいいでしょう。

人はそれぞれ違うものです。したがって、何時間眠ればいいか、ということも、一律には決められません。その人が日中に経験することにも関係します。〈物質体〉〈感情体〉そして〈精神体〉のニーズを聞かなければ聞かないほど、物質体が回復するのに、より多くの睡眠を必要とするでしょう。私たちの〈エネルギー体〉は、他の三つの〈体〉にふたたび活力を与える、という役割を持っています。ここで、重要な事柄を知っておいてください。それは、私たちの体というのは、九〇分のサイクルの最初の二回分、すなわち眠ってから最初の三時間のあいだに、より多く回復する、ということです。

体が要求した時に眠るようにしましょう。もし体の要求が感じられない場合は、体に、まず、明日何時に起きなければならないかを告げましょう。それから、何時に寝るかは体に任せる、と言うのです。私は、ずっと前からこのようにしており、しかもそれは、とてもうまくいっています。体にそのように言ってから、私は寝るための準備をします。まず、シャワーを浴びる、次に夜間用のクリームを顔に塗る、などなど。それから、ゆったりした椅子に座り、肩の凝らない本を読みます。私は、寝る前に読書をするのが大好きなのです。そして、眠くなるとすぐにベッドに行き、あっというまに眠りにつきます。

私は、無理に読書を続けようとは思いません。というのも、自然にまぶたが重くなると、九〇分のエネルギーのサイクルの終わりに至ったのが分かるからです。この時、眠るのを遅らせれば、眠ることができなくなるでしょう。というのも、エネルギーの次のサイクルが終わるのを待たなければならなくなるからです。このことをよく知っていますので、私が眠る時は、あっというまです。なお、私が眠るのは、せいぜい数時間です。七時間から八時間も眠るのは、私には多すぎると感じられます。私は体を全面的に信頼しており、体はそれに完全に応えてくれるのです。

仕事を引退したあとも、なお、決まった時間に起きなければいけない、と考えている人たちを知っています。彼らは、もっと睡眠が必要な時でも、目覚ましで目を覚ますようにしています。こうした人たちは、体を信頼しておらず、思い込みによって支配されているのです。

夜中に目覚めて、それから眠れなくなる人たちもいます。そのまま体の要求に従えばいいのに、彼らは無理に目を閉じて、睡眠をコントロールしようとするのです。彼らは、ベッドの上で何時間も寝返りをうち続けることでしょう。もしあなたが、こうした人たちの仲間であるなら、私はあなたに、目が覚めてしまったらベッドから起きて、何か好きなことをするようにアドバイスしましょう。あなたが体を信頼しているということを伝えれば、体はあなたに、まだ眠る必要があるかどうかを教えてくれるはずです。体がまた疲れれば、あなたのまぶたは自然と重たくなるでしょう。そうしたら、またベッドに戻ればいいのです。体が要求しなかったため、ふだんよりも睡眠時間が短くなったとしても、きっと日中を快適に過ごせるはずだと言っておきましょう。

　時々、まだ四時間くらいしか寝ていないのに、目が覚めることがあります。そんな時、私はとても幸せになるのです。というのも、「やるべきことのリスト」のうち、「急ぐ必要なし」の項目に取りかかることができるからです。そもそも、私の睡眠時間はますます少なくなってきています。しかも、私はとても活発な生き方をしているのです。ですから、こんなふうに休息と睡眠を管理することは、とても自分に向いていると思っています。あなたも、自分にぴったりのやり方を見つけてください。その際に、自分はこれだけ眠らなければならない、という〈思い込み〉を手放すことが大切でしょう。

　肝心なのは、体力が回復するような睡眠をとることです。目覚めた時に幸せで、機嫌がよく、エネルギーにあふれているなら、あなたはとても良い睡眠をとったということになります。三時間しか眠らないのに、そういう状態で目覚める人たちを私は知っています。一方で、一〇時間寝ても、疲れが抜けないで朝がつらいという人たちもいます。こういう人たちは、今すぐ肉体的、心理的に、生き方を変える必要がある、という強いメッセージを受け取っていると言えるでしょう。そういう人たちを観察していて分かったことですが、彼らは、肉体的、感情的な老廃物を、あまりにも多く溜め込み過ぎたために、夜のあいだ、それらを浄化することができなくなっているのです。

地球上に生きるあらゆる動物は、休息を、しかも日常的に必要とします。あなたに関して言えば、〈感情体〉や〈精神体〉といった〈精妙な体〉は、肉体が眠っているあいだ、体を離れて〈アストラル界〉に行っています。これら二つの〈体〉は、シルバー・コードと呼ばれるものによって、あなたの体と結ばれており、このコードを通じて、あなたの三つの〈体〉はエネルギーを供給されるのです。あなたの〈感情体〉と〈精神体〉がそれほどダメージを受けていなければ、あなたの〈物質体〉は、シルバー・コードを通じて、たくさんのエネルギーを得ることができるでしょう。

この、あなたの二つの〈体〉がアストラル界から戻った時、あるいは、あなたの〈物質体〉が充分に休息を得た時、あなたは自然に目覚めることになります。一方で、何かの物音や、目覚まし時計、または隣に寝ている人によって無理に起こされた場合、あなたはしばらくのあいだ、気分がよくないでしょう。それは、あなたの二つの〈体〉が、アストラル界から無理に引き戻されたからなのです。そんな時は、一分くらいゆっくりと深呼吸をするとよいでしょう。そうすれば、あなたの三つの〈体〉が統合されるはずです。

じっと動かないで座って前を見ているだけが、休むということではありません。何かちょっとしたことをしながらでも、休むことはできます。私の場合、もともと非常に活動的な人間なので、肉体的、感情的、精神的に負荷がかからないやり方で休むのが好きです。たとえば、ゆっくりと歩き、時々気が向けば立ち止まって、自然や小鳥、素敵な家を眺める。あるいは、努力のいらない気楽な本を読む、笑わせてくれたり気晴らしになったりする映画を見る、瞑想する、タブレットでゲームをする、などなど。幸いなことに、何もせずに、ゆったり休むと、だいたい一五分もすればエネルギーが回復してきます。

人々は、しばしば、特に数日間にわたるワークショップのあとで、私がどこからエネルギーを得るのかと質問してきます。私は、規則的に、素早くエネルギーを回復できるタイプの人間です。長いあいだ立っていて、足が疲れていたとしても、私はエネルギーに満ちています。私たちからエネルギーを奪うのは、感情的になること、特に、恐れに支配されることなのです。そのことについては、今後の章の中でお話しするつもりです。肉体的に疲れていても、エネルギーに満ちていることは可能なのです。

私はまた、いつも楽しむために必要なエネルギーを、充分に持っています。ずいぶん前から不思議に思うのは、私にエネルギーがあるから楽しむのが好きなのか、楽しむことが好きだからエネルギーがあるのか、どちらだろうということです。結局、この疑問に答えることができないので、両方とも正しいと考えることにしています。

さらに私は、仕事をするのも、楽しむのも、両方とも同じくらい好きなのです。あなたはどうですか？　何をすると楽しいですか？　すべてを忘れて没頭できることは何ですか？　何があなたを笑わせますか？　この一週間で何回くらい楽しんだかを私に聞かれたら、あなたはすぐに答えられますか？　夜、横になって一日を振り返り、いろいろなことに感謝をする際に、さらに時間を取って、その日どんなふうに楽しく過ごしたかを考えてみてください。私の場合は、考えるまでもありません。なぜなら、楽しい活動が何であるかを、本当によく知っているからです。

〈物質体〉のニーズに関するこの章で、美容整形手術について述べておきましょう。なぜなら、しょっちゅう私は、そのことについて質問されるからです。私は、美容整形手術にはまったく反対していません。ただし、そのためには、内面のワークが終わっている必要があると考えています。つまり、整形手術が、自分に対する愛に基づいていればいいし、手術を受けなければ愛されないかもしれないという恐れに基づくのは良くないと考えているのです。

手術を受ければ相手から愛されて、人生が一変するだろうと思っている場合、恐れを持っている心の一部が決定を下していることになります。もし、手術のあとで、それまでよりも愛されなかったとしたら、その人は落ち込んで立ち直れなくなるかもしれません。一方で、自分に対する愛から、体の一部を修整しようとして手術を受けた人は、それがとても有用だったと感じるでしょう。他の人に愛されるためではなく、自分自身のために手術を受けたからです。

いずれにしても、整形手術をする医師は、二年以上にわたって効果が持続することを保証してはくれません。実際にそれを知っているからです。鼻が大きすぎるからといって整形手術を受けた人たちを知っていますが、数年後には、彼女たちの鼻はふたたび大きくなり、しかも元の時よりも醜くなっていたのです。このことからも分かるように、内面のワークをきちんとすませていなければ、体はまた元のようになる、あるいはもっと悪くなるでしょう。

以上で、肉体のニーズに関する章を終えたいと思います。この章を読んで、自分の体の世話をきちんとしようと思ってくださったなら、私はとても嬉しいです。このテーマに関して、もっと知りたい人は、私の最初の本である『〈からだ〉の声を聞きなさい』を参照してください。

第五章　自分の生活・家族との生活

この章では、良い体調を維持するために、どのように個人の生活を管理すればいいかをお教えしたいと思います。そのために、この本を書く前に私自身が実践してみて、最も役に立ったことを書くつもりです。そして、それをあなたと分かち合うことができることに、大きな喜びを感じています。仕事については、次の章で扱うつもりです。

ほとんどの人が、日常的にストレスにさらされています。そして、そのことが老化を早める大きな原因となっているのです。老化は、私たちが、ハートの声ではなくエゴの声を聞くことによってもたらされます。この本の前の方ですでに述べたことですが、エゴは私たちに恐れや罪悪感を持たせることが大好きなのです。また、これもすでに述べたことですが、私たちが〈感情体〉や〈精神体〉のニーズをどのように聞くかということが、〈物質体〉のニーズを聞く能力に大きく関わってきます。とはいえ、ある振る舞いや、ある態度を変えることは、それほど簡単なことではありません。でも、変化の必要があると意識すること、変化のための意志と勇気を持つことが、成功するためには、ぜひとも必要なのです。

ある程度の年齢に達した人たちから、人生を変えるにはもう遅すぎる、こういうふうに生きることに慣れているので、このまま同じ生き方を続ける方がいい、それで死ぬわけでもないし、などと聞くことが、しょっちゅうあります。また、他の人たちからは、誰でも何らかの理由でいずれ死ぬのだから、あれこれ注文をつけることもない、などと言われます。つまり、死ぬことはもう決まっているのだから、何かを変えようと夢中になったところで何の役にも立たない、というわけです。

特に、五〇歳にもならない人たちで、自分の思い通りに生きることができていない人たちから、そのような言葉を聞くたびに、私の胸はとても痛みます。このような人たちは、自分を充分に愛していないために、ほんの些細なことでもいいから実践して自分の人生を変えてみよう、とは思えないのです。こうして、みずから人生の犠牲者になっている人たちを見ると、私は理解に苦しみます。

たとえ何歳になっても、死ぬ瞬間まで、私たちは人生を変えることができるし、そのことは人生の質を大きく向上させることになるのです。それはまた、私たちが、何歳でどういう死に方をするかにも影響を与えることになるでしょう。私は、この点に関して、何の疑いも持っていません。というのも、かなりの年齢になっているにもかかわらず、そこから、職業を変え、人生を変えた人たちを知っているからです。新しい習慣を獲得するために必要な努力を払うこと――それには三カ月ほどかかります――は、充分にやってみる価値のあることです。

人生を変えるのに必要な意欲が湧いてこない、という人たちもいます。しかし、それは自分に対する愛の欠如でしかありません。そのために、彼らは自分を変えることができずにいるのです。さらに言うと、意欲とは、規律と同じで、実践すればするほど強化されるものなのです。

すべての魂が、同じ才能を備えています。それをやろうと「決意」することが、他の人たちとの違いを作るのです。私たちの魂が望むことは、たった一つです。すなわち、エゴの声ではなく、ハートの声を聞くこと、つまり自分自身を愛することなのです。私たちがエゴの声を聞くたびに、私たちの魂は苦しみます。しかし、私たちはその苦しみを感じるためには、あまりにも無意識的でありすぎるのです。

私たちの才能を取り戻すのに、遅すぎるということはありません。というのも、私たちは「選択」することができるからです。しかも、この地球上で「選択」することができるのは、私たち人間だけなのです。では、あなたは今日、何を選択しますか？　自分の望む人生を創り出すために、大いなる内面の力からエネルギーを引き出しますか？　それとも、その自然な力を無視して、自分には人生を変える力などない、という思い込みを持ったまま生きますか?

少し前のところで、ストレスこそが老いを早めるという意味のことを書きました。そうしたストレスを生む原因を、次にいくつか挙げておきましょう。

①企画し実践する力の不足
②他人の幸福と不幸の責任は自分にあると考えること
③自律の精神の欠如
④完璧主義
⑤リスペクトの欠如
⑥コミュニケーションの不足

これらについては、このあとで述べるつもりです。

ストレスを上手に管理する

ほとんどの人は、ストレスなしに人生を生きることは不可能だと考えています。それについては、私も「そのとおり」と言わざるを得ません。私は、とても活動的で、猪突猛進型であり、いつもたくさん計画を抱えており、新しい経験をするのが大好きなので、必然的に多くのストレスにさらされます。多くの年月を経て、私は、こうしたストレスに対して別の対処をしなければならない、ということを学びました。

ストレスは、さまざまな「心の傷」によって引き起こされる恐れや否定的な感情が人生をコントロールするようになった時に、私たちに害を与えるものとなります。恐れを持つと、私たちはどうしていいか分からなくなり、自分を疑うようになり、選択を誤り、麻痺におちいるのです。

一九九一年、つまり私が五〇歳の時に書いた『私は神！』という自伝的な本の中で、私に多くのストレスを与えた個人的な出来事について語りました。この本を書く九年前に、私はＥＴＣを創設しています。したがって、自分が教えていることに関して、実践に移す前と、移した後での違いを、確認せざるを得なかったのです。これまで本書の中で示された例と、これから示される例によって、あなたもそれを確かめることができるでしょう。

私の最も大きなストレスの種は、時間の管理に関するものでした。私は非常に活動的であったために、私のスケジュール表はどんどん過密になっていきました。しかし、時間とともに、このストレスは私の役に立つものだということも分かってきました。つまり、こうしたストレスのほとんどが、私が計画を実現し、目標をなしとげるためのエネルギーを、私に与えてくれているということです。未来の出来事を予測して楽しむ、ということが、私にはとても大事なことなのです。私生活において私は、配偶者との外出、子どもたちとの活動、そして親族の集まりなどについて、前もって計画するのを楽しんできたのです。

私の母親は、本当に活動的な人で、仕事と私生活を見事に調和させていました。それを見て育った私は、とても恵まれていたと思います。彼女は、企画・実行が本当にうまく、それが、ストレスを管理するのに有効に働いていました。彼女は手帳を使っていませんでしたが、記憶力がものすごく良く、紙の切れ端にたくさんのことをメモしていました。一方、私は、手帳を使うのがとても有効だと考えています。そうすることによって、人生で遭遇する多くのストレスを上手に管理できるからです。

手帳は仕事のために役立つだけだと、あなたも思っていませんか？　もしそうだとしたら、私的な生活のために、ぜひ手帳を使ってみることをお勧めします。私は、二五年前から、私的なこと、仕事上のことを、すべて手帳に書き込んでいます。また、別にノートを一冊用意しておき、思いつくことをすべて書いています。これは、書いたことをすべてやらなければならない、ということではありません。むしろ、書くことによって、私は精神を解放し、他のことにエネルギーを使えるようにしているのです。この習慣は、私にとって本当に役立っています。そのおかげで、私は時間から来るストレスを受けずにすみ、より多くのことを実現することができています。

さらに、私的なことと仕事上のことを一冊の手帳に書いているおかげで、私の人生における活動の全体を見わたすことができるというメリットがあります。

私たちが一度に記憶できることは、最大一二個までだということを知っているでしょうか？私たちは、食事の用意をする、ある人に電話する、ゴミを出す、子どもを幼稚園に迎えに行く、といったことまでを、いちいち何かに書き留めてはいません。したがって、覚えることが一二個以上になると、重要なことを忘れてしまう可能性が出てきます。ですから、些細なことでも、しっかりと書き留めておく必要があるのです。

この方法のおかげで、私はびっしり予定の詰まった人生を送ることが可能となっています。のちほど詳しく説明しますが、時々、時間を引き延ばしているような気がするくらいです。というのも、すべてを書くことによって、なすべきことを忘れる恐れから解放されるからです。思いがけないことが起こったとしても、必ず計画を実行することができると知っているからです。一週間が終わると、そのあいだにやったことを見直すのですが、どうしてそんなに多くのことができたのか、自分でも不思議で仕方ありません。今でもその疑問は解けていないのですが、やがていつか解ける日が来るのではないかと楽しみにしています。そのうち、いかにして時間を引き延ばすかを、みなさんに教えることになるかもしれません。

今のところ私が理解しているのは、誰かに電話をする、買い物に行く、何時に外出する、子どもたちを迎えに行く、といったような細かいことで、記憶をいっぱいにしておくべきではない、ということです。何かを思いつくたびに、私はそれを手帳の計画欄に書き込みます。手帳がどれほど埋まっていようと、私は必ずそれらを実行する時間を見つけることができます。

それでも、散歩に行く、というようなことは書き込みません。というのも、それは「習慣」になっているからです。散歩に行く時間になると、体がいつも教えてくれます。たとえそれが何かをやっている途中でも、私は平気で散歩に出ます。というのも、帰ってきた時の私はエネルギーに満たされているので、行く前よりも二倍も速く、その続きができるのを知っているからです。

企画・実行ができるということは、どんなことでも後回しにしないということです。きちんと手帳に書いておけば、あれこれ考えずにそれを実行することができます。何か思いがけないことがあって仕事を中断せざるを得なかった場合には、それをもう一度手帳に書き直すのです。

何かの修理のための電話をする、電話をくれた人にかけ直す、請求書の支払いをする、外出の時間を決める、といったような、どうしてもしなければいけないことを、私たちはしばしば先延ばしにするものです。そして、そんなことが溜まりに溜まると、私たちはやる気をなくしてしまうでしょう。

私に関して言えば、二分以内で終わることは、ただちに行なうようにしています。この習慣は、ずいぶん前につけたものですが、そのおかげで、私は時間から来るストレスを上手に管理することができています。その結果、さらに上手に計画を立てることができるのです。

私はここで、どれほど年を取っても、仕事を引退しても、人生の計画を立てて、それを実行することはできる、ということを強調しておきたいと思います。老いるとますます時間が足りなくなる、などと言う人がいますが、私は決してそう思いません。計画を立てて必ずそれを実行する、というのは、何歳になってもできるからです。

責任と罪悪感

計画・実行の欠如だけが、ストレスを生み出すわけではありません。責任を取らないことも、またストレスを生み出すのです。責任を取らないと、否定的な感情や罪悪感を持つことになり、したがって、ストレスを体験するのです。そのために、老いも加速されるでしょう。

第二章において、責任を持つとはどういうことかを説明しました。その考え方に反対する人はいないと思います。ところが、その原則を人生に適用している人は、圧倒的に少ないのです。私たちは、ＥＴＣの受講生たち一〇〇人にアンケートを取ってみました。その結果、ＥＴＣで習ったことの中で、〈責任〉という概念が、一番実行するのが難しいということが分かりました。もし、責任という概念を実行に移さないとしたら、あなたは多くの否定的な感情を持ち、したがって、ストレスにさらされることになるでしょう。

あなたの身近にいる人たちは、あなたが今回の人生で学んだことを意識化する手伝いをしてくれている、という事実を忘れないでください。実際、私たちは全員、《引き寄せの法則》によって支配されているのです。私たちの魂は、本当に愛することができるようになるために、いろいろな場所、さまざまな人たちを、必然的に引き寄せています。**人生に、偶然は何ひとつありません。**

私たちが〈真の愛〉の中で生きない限り、私たちはふたたび地上に生まれてくるでしょう。〈無条件の愛〉を生きることは、私たちの魂のたった一つの願いなのです。それぞれの転生の際に異なる肉体に宿ったとしても、私たちの魂はまったく同じです。つまり、それまでの過去世で獲得したエゴの思い込みをすべて保存しているということです。すでに述べたように、私たちは望むことを選択することができるという、驚くべき特権を備えており、したがって、エゴの声ではなく、ハートの声を聞くことができるのです。しかし残念なことに、多くの人たちが、望むことではなく、望まないことを選択しています。というのも、彼らはエゴの声を聞いているからです。そのために彼らは、恐れや否定的な感情を経験することになるでしょう。

四〇歳になった時に私は、責任の真の意味を理解することができました。そして、それは私の人生における最も重要な転換点となったのです。私は今でも、ワークショップで責任について話をする時、それを初めて聞く人たちの目覚ましい反応に感動します。ある人たちは、ワークショップが終わると私のところにやってきて、涙ながらに、この話を聞くことでついに罪悪感から解放されたと話してくれます。私はそれを聞いて本当に幸せになるのです。

とはいえ、その概念を実践に移さない限り、彼らはその恩恵を本当に感じることはないでしょう。実際、真の意味で責任を取り始めると、彼らは罪悪感を持たなくなりますし、また、他の人たちに罪悪感を持たせることもなくなるのです。

私がまだセールスの仕事をしていた時、そして、まだ責任の真の意味を知らなかった時、私は家族に対して、しょっちゅう罪悪感を感じていました。というのも、ほとんどの時間、私は家族のもとを離れて仕事をしていたからです。私は、タッパーウェア社のケベック州における統括責任者を務めていたので、一週間、土日なしで毎日仕事をしていました。夫がそのことを非難するので、夫婦ゲンカが絶えませんでした。もしあなたが、私の自叙伝である『私は神！』を読めば、そのあたりの事情がよく分かるでしょう。

責任を取ることが肝要だということを学んだ時から、私は仕事が原因で罪悪感を持つことがなくなりました。というのも、私は、仕事が引き起こすあらゆる結果を引き受けるようになったからです。さらに、その時から、子どもたちは私を非難することをやめました。ずいぶん後になってから、彼らは私のような母親を持って、とても幸せだったと言ってくれました。なぜなら、私が家を空けることが多かったので、彼らは自由を満喫できたと言うのです。私が夫との関係で、自分を非難せずに責任を取ることができていたら、彼とのあいだでも、おそらく同じことを体験したでしょう。

実際、ETCを設立したすぐ後で出会った二番目の夫との関係において、私はそれが事実であることを知りました。彼は、私がどれだけ長いあいだ働いても、まったく文句を言いませんでした。私は、ほとんどの時間を仕事に捧げていましたが、責任の真の意味を知っていたので、否定的な感情を持つことがなく、したがって、常にエネルギーにあふれていました。たくさんのエネルギーを持っていたので、こまめに時間を捻出しては、家族との楽しみを計画したり、友だちに会ったりしていました。

私生活では、二人の息子のおかげで、私は責任の概念を実践に移すことができました。ただし、彼らとの関係で責任を実践するのは、非常に多くの困難を伴いました。

ある時期、私は二人の息子たちを財政的に援助していましたが、それは、自分が「悪い母親である」ことへの恐れから、そうしていたのです。私が彼らにお金を貸す時、私は実にたくさんの否定的な感情を味わいました。というのも、私は彼らに見返りを求めていたからです。

私は、彼らが生き方を変えることを望んでいました。また、彼らがお金を返さないと、彼らにお金を貸したことを後悔しました。彼らが約束を守らないこと、あるいは私に感謝しないことを責め、彼らは私を利用しているだけだと考えては彼らを恨みました。そして、なんという恩知らずだろうと思っては、彼らを否定するのでした。

ついにある日、私はすべての否定的な感情、自分の過度な期待にうんざりしました。それらは、まさしくエゴから来ていたのです。彼らとの〈取り決め〉が私の〈思い込み〉に過ぎなかったことに気づき、私は責任を取る決意をしました。つまり、お金は貸すが、必ず返すように彼らに約束させたのです。彼らは、あっさりとそれを受け入れました。

彼らがお金の管理に関してだらしないのが私には許せなかったのですが、それは、彼らの父親とそっくりだったからです。私は、彼らの父親の振る舞いを、その時点では、まだ許せていませんでした。そのために、息子たちにお金の援助をしていた時にも、ハートの声を聞くことができなかったのです。私はエゴの声を聞いて、息子たちがいつか変わってくれるはずだと思い込んでいたのです。

このことが意識化できた時、私は考え方を変え、それを息子たちに伝えました。

「あなたたちにお金が必要になった時、私はあなたたちに、それを『与える』ことにしました。なぜなら、『貸す』と、あなたたちが返さない時に、さまざまな否定的な感情を持つことになるからです」

息子たちは、私の決定をこころよく受け入れた上で、優しい口調で、私のお金をどうするかは私が自由に決めればいい、と言ってくれました。そして、その後、驚くべきことに、彼らは私の援助をほとんど必要としなくなったのです。

彼らが、ごくたまに、お金を必要とする時、私は時間をかけて、自分が彼らにお金を与えることを本当に受け入れているかどうかを確認します。もし「ノー」だった場合、私のその決定を、彼らはあっさり受け入れました。それによって私は、その状況において、自分をきちんと受け入れていたことを知るのです。

あなたが、ある状況で自分を受け入れているかどうかを知りたければ、まわりの人たちの反応をよく観察することです。もし彼らがあなたを受け入れず、あなたに罪悪感を抱かせようとするなら、それは、あなたが自分をまだ完全に受け入れていないしるしなのです。

私たちは、まわりの人たちの反応から、とても多くを学ぶことができます。そうした反応を注意深く観察することが、責任を取るための方法でもあるのです。つまり、「私たちが引き寄せるものは、私たちが発信しているものである」ということなのです。

責任という概念はスピリチュアルな概念なので、〈在る〉ことのレベルにしか適用できません。ですから、誰かとの関係で否定的な感情を経験したとしたら、その人の〈行動〉にとらわれてはなりません。それよりも、私たちがその人の〈在り方〉に関して、どんな思い込みを持っているかを検証する必要があるのです。言い方を変えれば、その人のどんな〈在り方〉を私たちが非難しているのかを知る必要がある、ということです。

私の二人の息子と、その父親に関して言えば、さまざまな状況において、彼らが責任を取らないこと、私に感謝しないことを、私はいつも非難していました。でも、**私が彼らを非難していた**

から、彼らはそう振る舞ったのです。ここでも、エゴというものがどれほど強力か、分かるのではないでしょうか？

他の人たちは、私たちがどんな人間であるかを教えてくれるためにそこにいる、ということを思い出した時、私は、それでは、彼らはどんな状況で私が彼らに下したのと同じ判断を私に下したのだろう、と考えてみました。答えはすぐに分かりました。私は、彼らに対して「無責任」だったのです。なぜなら、私は彼らを変えようとしていたからです。私は、彼らがしてくれと頼みもしないアドバイスを、彼らに対してたびたびしていました。そうすることで、彼らが、責任ある成熟した人間になるはずだと思い込んでいたからです。

実際には、彼らは責任を取っていました。なぜなら、自分たちの選択の結果をいつも引き受けていたからです。お金が必要になると、彼らは私のところにやってきます。私が「ノー」と言うと、彼らは別の解決策を見つけ、私を恨んだりはしないのです。私がそのことに気づくまで、本当に長い時間がかかりました。私が、自分を良い母親だと思いたくて、あるいは罪悪感を持ちたくないという理由で、彼らにお金を与えた時、私は責任を取っていませんでした。なぜなら、人生における彼らの選択の結果を私が引き受けなければならない、と思い込んでいたからです。彼らの父親に関しても、私は全く同じことをしていました。

彼らの側にしてみれば、彼らが私をひどい人間だと思う、充分な理由があったはずです。なぜなら、私は彼らの都合を考えずに自分の予定を立てていたからです。彼らの誕生日の時でも、彼らが私に家にいてほしいと思った時でも、私は常に仕事を優先して物事を決めていました。なぜそうなったかといえば、自分が無責任で恩知らずな人間であることを、私自身が受け入れていなかったからなのです。

自分のある振る舞いを受け入れていないことを意識化できた時に大切なのは、時々そうであることを自分に許す、つまり、自分が強くもあれば弱くもある「人間」であることを受け入れる、ということなのです。そうすれば、他の人たちも私たちを受け入れ、その結果、否定的な感情を持つ相手はいなくなっていくでしょう。

毎日、私たちは、自分に不快な思いをさせる人たちと一緒にいたり、その言動に賛成できない人たちと一緒にいたりします。しかし、実情はどうであるかと言えば、ほとんどの場合、私たちが自分に関して無意識であるために、そのような経験をするのです。

あなたが他の人を否定したり、批判したりする時、つまりその人に罪悪感を抱かせようとする時は、ちょっと立ち止まって、自分の心のあり方を意識してみてほしいのです。それから、責任を引き受けるため――それこそが、罪悪感に対する唯一の特効薬なのです――に、「もし私が相手のように振る舞ったとしたら、私は罪悪感を持ったはずだ。なぜなら私のエゴは、そうするのが良くないことだと思い込んでいるからだ」と考えてみてほしいのです。そうすることで、あなたは、恐れや非難、罪悪感を抱く代わりに、とても気分が良くなることでしょう。

あなたがすべきなのは、その人からあなたが何を学べるのかを、自問してみることだけなのです。なんて素晴らしいことでしょう！　この方法を使えば、あなたは否定的な感情を持つことがなくなり、つまりエネルギーに満ちあふれ、その結果、いつまでも若い状態で過ごせるのです。あなたも、自分を充分に愛して、責任を引き受けませんか？

私たちのあらゆる人間関係の目的は――それが、家族との関係、友だちとの関係、恋人との関係であれ――私たちの人生の計画を実現させることにあるのです。それを可能にするためには、**それぞれの人から私たちは学ぶべきことがある**、という事実を、忘れてはなりません。

身近な人の幸福の責任は自分にあると思い込んでいる人たちは、肩の上に重圧を感じ、ほとんどが、やがて高血圧になるでしょう。私も、多くのストレスを感じ、また肩に重い荷物を載せてきたにもかかわらず、どうして高血圧にならなかったのだろうかと不思議に思っていました。やがて分かったのは、私は、他の人たちの幸福の責任が自分にあるとは思っていなかったからだということです。つまり、高血圧は病気でも何でもなく、自分に対する愛がないために引き起こされた、バランスの欠如にほかならないということです。もしあなたが高血圧であるなら、あなたが誰かに対して責任を感じている時に、あなたの体の中で何が起こっているかを、よく観察してみるといいでしょう。

パートナーとの関係は、責任について学ぶための良い教材となります。以前にパートナーとのあいだで経験した困難なことを、ふたたび経験したくないから、あるいは、両親との関係をもういちど再現したくないから、という理由で、新しい関係に入ろうとしない人は、責任ある人間であるとは言えません。彼らは、責任を引き受けようとしていないのです。そして、新たな関係が、その相手のおかげで自分に何かを気づかせようとしているのだ、ということを受け入れていないのです。

実際、他者との関係は、私たちが愛していない自分自身の一部に気づかせてくれるかもしれないのです。あるいは、私たちのエゴの現われである、他者の嫌な部分を認識する手助けをしてくれるかもしれないのです。

さらにここで、私たちは他の人たちの健康に関しても責任がない、ということを理解しておきましょう。彼らは、彼ら自身の人生計画を持っています。したがって、彼らがこの人生で何を学ぼうとしているのかを、私たちは知らないのです。私たち自身のニーズを忘れないようにするためにも、また、他の人たちに罪悪感を抱かせないためにも、自分の健康の責任は自分で引き受け、他の人には、その人自身の健康の責任を引き受けてもらいましょう。

人生においては、あらゆる種類の経験をすることになっています。責任を引き受ける場合でも、それらを、より楽に経験することができるのです。現に私は、今のパートナーとのあいだでそうしていますし、責任を取ることを学んだおかげで、とても幸せに暮らしています。

私は現パートナーのジャックと、三五年間、一緒に暮らしています。彼は現在、脳細胞の変性症にかかっており、特別養護老人ホームに六年前から入っています。一緒にいるあいだ、ずっと、彼は理想的な伴侶でした。私がＥＴＣのために行った旅行のうち、私が一緒に行きたいと思った旅行のすべてに、彼はついてきてくれました。私たちはあらゆるレベルにおける理想的な夫婦生活を送り、そのことで本当に満足しています。

ですから、彼が病気になった時も、私はそれほどストレスを感じませんでした。彼がこの病気から何を学ぶのか、私には分かりませんが、それは、彼自身の問題なのだと考えています。ただ、ここから私が学ぶことは何なのか、ということはしっかり意識しており、それが私の責任であると自覚しているのです。

夫が病気になって以来、私自身は、何があっても自分のニーズを聞かなければならないと考えています。だからといって、夫に対する私の愛が変わったわけではありません。

夫が病気だと分かった時、私はとても驚きました。そして、仕事の時間を減らして、彼の面倒を見るべきではないのかと、しばらくのあいだ迷いました。しかし、ある日、ルーマニアでワークショップを開いている最中に転んで、私は足の指を三本折りました。その時、自分が罪悪感を持っていたことを自覚したのです。

足は、前進するための器官ですから、そこが事故にあうということは、私が、ジャックのそばにいた方がいいのではないかと迷っており、そのことに罪悪感を持っていたということを意味します。このケガがきっかけとなって私は、自分には向いていない「看護師」の役割を演じるよりも、今までのように、人々に良い生き方を教えたいと思っている、ということが、はっきりと自覚できたのです。

旅行から帰るとすぐに、その決意をジャックに伝えました。ジャックが快適に過ごせる施設を探し、私自身は仕事を続けたい、と言ったのです。彼はすぐに、私の気持ちはよく分かる、その決意に賛成する、と言ってくれました。そして、こう付け加えたのです。

「僕は君をすごく愛しているので、君にとってそれほど大事なことを、君にやめるよう要求することはできない。君が僕のために何かを犠牲にすることを、僕は望まない」

なんという素晴らしい愛の証《あか》しでしょうか！　彼がそう言ってくれたおかげで、私は自分の決断を受け入れることができ、しかも、まったく罪悪感を抱かずにすんだのです。

その時以来、私は、仕事のことも家庭のことも、以前と同じように続けました。相変わらず、友人たちとバカンスに行き、ＥＴＣのための旅行を続けています。ジャックが施設でちゃんと世話をしてもらっているのを知っていますし、旅行から帰るたびに、彼がそんな私を見て喜んでいることが分かります。

愛情面での自律と財政面での自律

私はずっと、自分のことを自律的な人間だと思ってきました。実際、ごく幼いころから、私はさまざまな決意をし、猛烈に努力して、目標をどんどん達成してきました。成長するに従って、自律的な人間とはどんな人間であるかを分析できるようになってきました。それによると、職業面において私は自律的であるが、愛情面と財政面においては自律的ではない、ということになりました。自律的であるとは、自分のニーズを知り、それを尊重するということです。さらに、他者に助けを要請することができ、しかもその他者に依存しない、ということでもあります。

とはいえ、私は、自分を孤立した人間だと思ったことは一度もありません。孤立した人間とは、みずからのニーズを満たすにあたって、自分だけを頼りにし、他者には何も頼まない、あるいは他者から支援の申し出があってもそれを断る人のことです。私は、そのような人間ではありませんでした。私はいつも他者の支援を受けてきましたし、それによって私の願いを表明するためのエネルギーを確保できたと考えているのです。

愛情面に関して言えば、最初の夫との関係において、私は依存的な人間でした。というのも、私の期待に夫が応えない時、私は多くの否定的な感情を持ったからです。私は、彼が私のニーズを満たすことを望んでいました。彼との結婚生活は一五年続きました。

パートナーが自分の要求を満たすべきだと考えている時、私たちは愛情面において依存的であると言えるでしょう。つまり、愛とはそのようなものだと思い込んでいるわけです。相手が自分を愛している証拠を欲しがるのは、自分を充分に愛していないからです。その場合、自分の外に愛を求めるようになるのです。

最初の夫と別れたあとで、私は自分を愛することを学び、その結果、愛の証しを求める必要性を感じなくなりました。こうして私は、愛情面においても自律的な人間になったのです。

離婚して八年後に、二人目の夫、ジャックと出会いました。ジャックとの関係において、私は最初から、彼が私の要求に「イエス」と言わない時の、自分の反応に注意を向けました。そして、時間をかけて、彼が拒絶したからといって、私を愛していないわけではない、という事実を理解したのです。彼はその時、ただ単に、私の要求に応えるつもりはない、あるいは、それは自分の限界を越えている、と言っているだけだったのです。

私たちは、最初から、多くの事柄に関して、とてもよく理解し合いました。一年ほど一緒に暮らして、どうすれば相手が喜ぶのかということを、きちんと理解しました。そうできたのは、お互いに相手の言うことをしっかりと聞き、良好なコミュニケーションを取ることができたからです。たとえば、家の維持に関しては、次のような合意がなされました。家の中のことは私がする、外回りのことと、さまざまな修理はジャックが引き受ける、といった具合です。

最初のころ、たとえばドアの取っ手の修理というような、ちょっとしたことを彼はよく忘れました。私ほど細かい性格ではなかったのです。そんなことが起こると、私は本当に気分を害しました。でもやがて、私が完璧を求めすぎるのであって、ジャックはそんな小さなことを気にしないのだ、ということが分かりました。彼の場合、時に気づくことがあっても、そのうちやればいいだろうと考えてすましてしまうのです。そして、やがて忘れてしまいます。彼にとってそれは、本当に重要なことではないからです。

ある日、私たちは新たな合意に至りました。私が、何か修理しなければならないことに気づいた時は、「ジャック用」と書いた紙にそれを書いて、冷蔵庫のわきのカウンターの上に置いておくことにしたのです。彼は、気が向いた時に、そのリストに書かれていることをするようになりました。時々、私が家に帰ると、ジャックは本当に嬉しそうに微笑んで、「リストにあった仕事は、ぜんぶ終えたよ」と言うのでした。私が喜ぶのを知っているからです。

またある時は、二週間たってもリストに書かれた修理が一つもされていないことがありました。そこで私はジャックに、リストに書かれていることをやりたくないのか、と尋ねました。彼が「その通り」と答えたので、費用を折半して修繕屋さんに頼むことにしました。もともとは彼の仕事なので、私がお金を出す必要はないのですが、私が完璧な状態の家に住みたいのに対して、ジャックは別に完璧主義ではなくて、家に対してそこまで求めないわけだから、私もお金を半分出すことにしたのです。きちんと整った家に住むのが私は好きなので、そんなふうにお金を出しても、気にならないのです。

あらゆる面においてそんなふうにしながら、私たちは一緒に暮らしました。たとえば、私がジャックを映画に誘っても彼が断った場合、私は一人で行くか、他の誰かを誘って行きます。あるいは、友人宅に招待された場合、もしジャックが行きたくないと言えば、私は、自分だけでも行きたいのか、あるいはジャックと一緒に家にいた方がいいのかをよく確かめてから、行動するようにしています。

私たちは、一緒にできることは何でも一緒にするようにしています。それができない場合、相手が好きなことをするのを完全に許します。これこそが、愛情面における真の自律だからです。相手が自分のニーズに従って幸せに生きているのを見て、自分もまた幸せになる、これこそが真の愛の証しではないでしょうか。

講演のための旅行や、ワークショップのための旅行など、仕事のための旅行の場合、一人で行きたいと思うことがしばしばあります。それは、ジャックと一緒に行きたくないからではありません。単に、最近学んだばかりのことを復習しておきたい、あるいは、一人きりで意識の集中をしたい、といったような理由からです。一方で、楽しみのための旅行には、必ず二人で行くことにしています。

最初の結婚の時、私は数多くの否定的な感情に翻弄されました。というのも、しょっちゅう相手に要求していたからです。時には、命令さえしていました。私が要求した通りに物事がなされないと、私は腹を立てたのです。私はすべてをコントロールしようとしていましたが、それは私が〈裏切りによる傷〉を抱えていたからです。夫が、口では「君を愛しているよ」と言いながら、なおかつ、私の要求を実行しないということが、まったく理解できませんでした。

二人の夫が怠け者だったわけではありません。ただ、彼らは、自分のやりたくないことを、しかもたった一人でやることが嫌だったに過ぎません。それに対して私は、すべてを完璧に行なわなければ気がすまなかったのです。私は、彼らと自分の違いを受け入れるべきだったのです。

ジャックとのあいだで新しい行動を取るようになった私は、それまで気づいてすらいなかった、いくつかの〈心の傷〉を癒すことができました。私たち二人がそれぞれ心の傷を持っていたことに気づいたのは、ジャックと出会って一〇年も経ってからでした。その時以来、私が得た知見は、あらゆる人間関係において私の役に立ちました。

自分がどんな傷を持っているかを意識化することができれば、私たちの人生にはとても大きな進歩がもたらされるのです。エゴと心の傷が私たちに及ぼす影響を理解していれば、私の最初の結婚も、ずいぶん違ったものになっていたことでしょう。

私たちの〈心の傷〉は、数多くの否定的な感情——怒りや罪悪感など——を引き起こし、私たちのエネルギーを日常的に奪い取ります。その結果、私たちの肉体はどんどん消耗していきます。というのも、肉体は、私たちのエネルギーを使って機能しているからです。

孤立して生きている人たちは、逆に、それを誇りに思い、自分は誰も必要としていないと言うでしょう。とはいえ、彼らは、しばしば孤独を感じているのです。

他者との関係を持たない人たちは早く老いる、ということが立証されています。したがって、人との活発な交流は非常に大事であり、気がねなく呼ばれたり、呼んだりできる三人以上の友人を持っていた方がいいでしょう。交流は、生身の人間に限りません。SNSやメールを通じて交流し、情報を交換することも、すごく大事です。とはいえ、やはり直接会って、日々感じていること、計画、心配ごとなどを語り、また相手の気持ちを聞かせてもらうことも、不可欠だと言えるでしょう。

コミュニケーションの取り方を知らない若い人たちはこれからどうなってしまうのだろう、と心配になることがあります。こんにちでは、SNSを介してしかメッセージのやり取りをしない若者もいます。驚くことに、自分の子どもたちと話すのにも、そんな手段しか使わない親たちがいるようです。さらに、ファミリー・レストランなどで、それぞれが片手にスマホを持って、それを見ながら食事をしている家族も見かけるようになりました。冗談を言い合うのも、スマホを

介してなのです！（笑）

さて、ここで、財政面での自律について語っておきましょう。というのも、財政面での自律は、愛情面での自律と同様に重要であり、これが実現できれば、パートナーどうしのさまざまな否定的な感情や心配ごとを回避できるからです。

最初の結婚の時、私は財政面での自律を果たしていると思っていました。というのも、私は仕事をきっちりし、かなりの給料を稼ぎ、買いたいものを自分のお金で買っていたからです。しかし、実際には自律していませんでした。なぜなら、夫が何かを買うたびに、その判断のまずさを批判し続けていたからです。

私は、彼をコントロールしようとしていました。ゆえに、私は〈自律〉していなかったのです。事実、私たちが誰か、または何かをコントロールしようとしている時、私たちはその対象に〈依存〉していると言えるのです。

二番目の夫ジャックと生活を始めた時、最初の夫とのあいだで経験したさまざまな否定的な感情は、もう経験したくありませんでした。財政面でも、愛情面でも、しっかりと自律したかったのです。そもそも、それが、ジャックと結婚したいと思った理由だったのです。私の家族たちは、なぜ私が彼と結婚したがるのか理解できませんでした。そこで、私は彼らに対し、結婚するということは、配偶者と人生のすべてを分かち合い、しかも、相手のおかげで自分をもっとよく知り、相手と一緒に成長し続けることなのだと説明しました。

家族にそんなふうに説明した後で、私は自分の言ったことについて、もう一度よく考えてみました。そして、「すべてを分かち合う」というのは、収入に関してもそうなのだと気づきました。あらゆる面で対等のパートナーになりかったからです。もし私がビジネス上のパートナーを持っていたとしたら、その人とは、仕事、支出、収入をすべて対等に分かち合うはずだと考えたのです。だとしたら、どうして結婚生活のパートナーとそうしないことがあるでしょうか?

当時、ジャックの収入よりも私の収入の方が多かったので、その提案は私の方からすべきでした。私は、配偶者とのあいだで、お金がお互いの誤解のもとになること――それが、一回目の結婚で起こったことでした――を望んでいませんでした。

二人のあいだで、同額のお金を出しあうことにして、家の維持のために毎月いくらかかっているかを計算しました。そして、その総計を二で割ったのです。さらに、一週間ごとにそれぞれが払っている追加の金額（食費、修繕費、家の備品など）を計算し、それを清算したのです。

二人のうち一方が、自分がやるべき仕事をしたくない時は、外部の人を雇うために当人がお金を出すことにしました。たとえば、私は家事手伝いの女性の給料を払いました。というのも、家事は私がすべきことだったからです。ジャックは、たとえば家の修繕をしたくない時、その修繕費を自分で払いました。

また、それぞれに、前の結婚でできた子どもたちがいたので、彼らにかかる費用——お小遣いとかプレゼント代——は、それぞれが払いました。これは、再婚した人間どうしのあいだで、よくケンカの種になるものです。というのも、だいたいどちらか一方が自分の子どもに甘くて、たくさんお金をかけるからです。

私たちが採用したこのやり方は、本当によく機能したと思います。というのも、お金の問題に関して、私たちは、三五年間、一度もケンカをしたことがないからです。

レストランに行く時は、一方がどうしても払いたいという場合をのぞいて、それぞれが自分の分を払います。また、臨時の収入に関しては、相手と分かち合うことにしています。思いがけない収入を相手にあげて驚かせるのを楽しみにしているのです。同じ日に、それぞれに臨時の収入があることもあり、そんな時は、とても楽しい時間を過ごすことができます。こうして毎回、与えることの喜びをかみしめるのです。

私は、こうして、ジャックと財政面で分かち合うことにした結果、とても気前よくなることができ、すごく幸せです。以前はそれほど寛大ではありませんでした。私は非常に厳格で、すべてがきちんとしていないと我慢できなかったのです。自分の収入を他の誰かと分かち合うことなど、とても考えられませんでした。それを稼ぐために働いたのだから、それは自分のものだと思っていたのです。

私が仕事を始めた時、たくさん働けばそれだけ給料がもらえるはずだと考えていました。というのも、両親からそのように学んだからです。生まれた村を離れてモントリオールに行った時の私の目標は、もっといい給料をもらうことでした。当時一七歳の私は、法律事務所で秘書として働きました。私は、少なくとも、週に三回は残業をしました。したがって、私はほとんどの人たちよりも稼いでいたのです。その後、セールスの仕事を始めた時、私の給料はものすごく多くなりました。なぜなら、給料は歩合制だったからです。

一方、ＥＴＣを創立したあとは、働いた時間に給料が見合っていませんでした。私はすべての時間をこの仕事につぎ込みました。一日も休みを取ることなく毎日働きましたが、収入は本当にわずかなものに過ぎませんでした。私はこのことが理解できず、ものすごい不安の中で日々を過ごしていました。でも、この経験のおかげで、私はお金に関する〈思い込み〉を変えることができたのです。その時、私は、「本当の豊かさ」とは何かを考えるようになったのです。この時の経験については、自伝『私は神！』の中で詳しく語りました。

現在、私は、期待をすることなく与える、つまり寛大であることによって、より一層多くを受け取ることができるということを知っています。**寛大さ、万歳！**

寛大さを持てば、私たちは、必要とするものすべてを手に入れることができます。それこそが**本当の豊かさ**なのです。一方、より多くの財産と、より多くのお金を持って、金満家として生きることもできるでしょう。ただし、それだけでは、本当の意味で豊かであるとは言えないのです。彼らは、失うことや足りなくなることを恐れながら生きているからです。

私は、やがて、お金に対する態度とセクシャリティのあいだには関係があることが分かってきました。そのことが意識化できた結果、私は、一人目の夫とのあいだでは、すぐ感情的になるなど、性生活の面で非常に貧しい生き方をしていたのに対し、二人目の夫とは、これ以上ないくらいの豊かな性生活を送ることができたのです。あなたがお金に対する自分の態度を、どのような言葉を使って説明しているかに注意してみれば、あなたは私の言っていることを確かめることができるでしょう。それは、あなたの性生活を説明する言葉と、まったく同じはずなのです。

財政面、愛情面で恐れや罪悪感を持たなくなると、あなたはもう一つのエネルギー源を発見したことになるでしょう。

二つの完璧主義

私の〈心の傷〉のうち、最も大きなものは〈裏切りによる傷〉と〈不正による傷〉です。夫婦関係において相手をコントロールしないようにと私がなしとげたあらゆる変化は、私の〈裏切りによる傷〉を癒すのに大いに役立ちました。そして、時間が経つにつれて、ウェストも細くなっていったのです。

一方で、自分の完璧主義的な側面に、より意識的になることで、〈不正による傷〉に関するワークを進めていきました。以前は、私は理想主義的な完璧主義者だったのです。それが、こんにちでは、現実主義的な完璧主義者になりつつあります。〈不正による傷〉が深ければ深いほど、私たちは理想を追い求めるようになります。

あなたは、「理想」の反対語が「現実」であることを知っていましたか？ それを知ったのは、私にとってまさに「天啓」でした。そのおかげで、私は、ごく幼いころから、自分自身と他人に対して現実主義的ではなかった、ということを理解したのです。

母親としての役割において、私は極端に理想主義的でした。私はいつも正当でありたいと思っていましたが、他人の目には、しばしば不当であると映っていたようです。私は、この面においても大きな進歩をとげ、その結果、とても幸せになりました。というのも、それは私にとって、ものすごいストレスの原因だったからです。

ほとんどの人が、「悪い親」と見なされることを恐れているでしょう。もしあなたに子どもがいて、なおかつこの恐れを持っているとしたら、次のことを知ってください。すなわち、自分が恐れを持っていることを意識し、しばらくはその恐れを持っていることを自分に許すのです。そして、一方で、それまでとは違う振る舞い方を意識的にします。そうすれば、恐れを持ち、罪悪感を抱くことで失っていたエネルギーを、失わないですむようになるでしょう。

ここで、私が完全で正当な母親であろうとした時のことをお話ししましょう。ある時、フランスで講演旅行をしていた私に、長男から電話がかかってきました。一五〇〇ドルする新しいパソコンが欲しいから、それをクリスマスのプレゼントとして早めに買ってほしい、というのです。まだ一一月のことでした。私はそれを受け入れることにしました。そして、翌日、正当な母親であろうとして、次男に電話をかけ、同じ額のお金をプレゼントとしてあげる、と言ったのです。彼には子どもが五人おり、年末にさしかかるこの時期には、いつも、お金の苦労をしていたのです。なので、私がケベックに帰るとすぐに、そのお金を受け取れることを知って、彼はとても喜んでいました。

少ししてから、私は居心地の悪さを感じ始めました。そこで、時間をかけて、私の心の中で何が起こっているのかを探ってみました。その結果、分かったのは、正当な母親であるためにそのように振る舞うべきだとささやくエゴの声を私が聞いた、ということでした。

私は、ハートの声を聞いていなかったのです。そして、これまでずっとそのように振る舞ってきたことを意識化することができました。子どもたちにあげるクリスマスのプレゼントは、その数においても、その金額においても、常に同じでなくてはならない、というわけです。ある子よりも他の子を、より多く愛することがあってはならない、ということなのです。

たとえば、旅行中に良い品物を見つけて、ある子にプレゼントを買ったとすれば、他の二人の子どもにも、必ずプレゼントを買わなければならなかったのです。私は、孫たちに関しても同じようにしていました。

この問題は、私にとって本当に重たい荷物になりました。それらのプレゼントは、罪悪感を持ちたくないから買ったものであり、愛ゆえに買ったものではないため、当然、彼らは喜びませんでした。その証拠に、後日、彼らがそれらのおもちゃで遊んでいるのを見たことがありません。一方、私がハートの声に従って買ったおもちゃで彼らが嬉しそうに遊ぶのを、私はしばしば見たのです。

長男に買ったパソコンのことに戻りましょう。エゴの声を聞いて次男に電話をしたことが分かった私は、今度はハートの声を聞くことにして、その結果を実践に移しました。私は、次男にもう一度電話して、前日の約束を取り消したいと伝えました。でも、そうするのがとても難しかったということを告白しておきましょう。勇気を振り絞り、また、この状況で私を支配した〈不正による傷〉をなんとか癒したいという思いで、ようやく行動に移すことができたのです。この時、さらに、自分に〈拒絶による傷〉があることに気づきました。

私は次男に向かって、自分の〈心の傷〉を治したい、他者を傷つけるのではないかという恐れによってエゴに支配されることから解放されたい、不当で不完全な母親であると思って、罪悪感に駆られるのをもうやめたい、つまり、ハートの声を聞きたい、と告げました。それから、前の日に言ったことは忘れてほしい、クリスマスのプレゼントに関しては、近いうちに何をあげるか改めて決めるつもりだ、と言いました。やれやれ！　でも、そんなふうにしてエゴと対決したことで、私は、どれほど心が軽くなり、また自分を誇りに思ったことでしょう。

この私の決心を聞いてどう思ったかと次男に尋ねたところ、「それを聞いても、別に嫌な気分にはならなかったよ。いずれにしてもママのお金なんだからね」と答えてくれました。さらに「お金をあげると言ってくれた時、すごく嬉しかったのは事実だよ。だけど、そのお金を実際に手にしたわけじゃないから、僕は何も失っていないよ」と付け加えました。彼の言葉は、とても賢明だと思いました。そして、彼が私の決心をいとも簡単に受け入れてくれたことで、私自身もその決心を受け入れていたということが再確認できました（他者は自分の〈鏡〉なのです）。

私のエゴは、〈不正による傷〉を使って、常に私をコントロールしようとしてきました。私は、この世を去る瞬間まで、その問題にしっかり注意を払わなければならないと考えます。なぜなら、それが、今回の私の地上の人生における最重要課題の一つだと考えるからです。さらに私は、〈拒絶による傷〉が、しばしば、実に巧妙に、〈不正による傷〉の背後に隠されるのを知っています。したがって、〈不正による傷〉に関してワークを行なえば行なうほど、私は〈拒絶による傷〉を発見することになるのです。直前の例で言うと、その経験がきわめて苦しくて、しかも強烈だったからこそ、子どもたちに拒絶されるのではないかという恐れが、ずっと存在していたことに気づいたのです。

〈心の傷〉が癒されたのかどうかを確かめるには、肉体レベルでの変化に注目すればいいのです。たとえば、私が年齢の割に若い体をしている、と言われたとすれば、私は〈心の傷〉のうちのどれかを癒すのに成功したことになるでしょう。また、医者に、「骨密度が高くなりましたね」と言われたとすれば、〈拒絶による傷〉がだいぶ癒されたことになるのです。あなたも知っているように、骨密度は年を取るに従って低くなるものです。医学ではそれを「骨粗鬆症」と呼びますが、本当に重要な要因は〈拒絶による傷〉であることを知ってください。だからこそ〈心の傷〉に関するワークがとても重要なのです。

忘れないでほしいのは、〈物質体〉の状態とは、〈感情体〉および〈精神体〉のレベルで起こっていることの反映にほかならない、ということです。ゆえに、あなたが〈心の傷〉に関してワークを行なえば、その結果、肉体が変容するのです。

〈見捨てによる傷〉は〈裏切りによる傷〉の背後に、〈拒絶による傷〉は〈不正による傷〉の背後に、それぞれ隠されています。というのも、〈見捨てによる傷〉と〈拒絶による傷〉は、より大きな苦痛を与え、癒すのが、より難しいからです。その二つの傷は、外に向かって表現されません。というのも、これらの二つの傷に直面すると、私たちはその傷の存在を否定してしまうからです。

それに対して、一般的に、〈裏切りによる傷〉は「怒り」を通して、〈不正による傷〉は「非難」を通して、それぞれ表現されます。つまり、それらは発見するのが、より易しいのです。とはいえ、傷のうちの一つに働きかければ、おのずと他の傷にも影響を与えることになります。〈拒絶による傷〉と〈見捨てによる傷〉は肉体をより早く老いさせます。〈拒絶による傷〉は肉体の機能を低下させるのに対して、〈見捨てによる傷〉は、肉体の緊張を失わせ、肉体を締まりのない状態におちいらせます。これらの二つの傷は、私たちが自分自身を愛していないということを示唆するのです。あなたがこれらの傷を持っているとしたら、どうぞ、もっと自分を愛し、自分を受け入れてください。そうすれば、年を取っても、あなたの肉体は若く保たれることでしょう。

私は、個人的にも職業的にも、ずっと完璧主義者のままでいることでしょう。ただし、私の完璧主義は、エゴによる恐れに基づくものではなく、美、健康、知性に対する私の愛に基づくものになるはずです。もしあなたが完璧主義者だとしたら、何かを行なう時に、それが恐れに基づくものなのか、それとも喜びに基づくものなのかを、しっかりと確かめるようにしてください。

私に関して言えば、私はすべてを整頓しないと気がすまないのですが、それは、家が雑然としていて誰かに何かを言われるのが怖いからではなく、ただ、そうしていると気持ちが良いからなのです。私は美に取り囲まれているのが好きで、家に関してであれ、車に関してであれ、引き出しや書類に関してであれ、とにかくきれいに整頓されていると、そこに美を見ることができるのです。それに、私は何かが見つからなくて、それを探すということが我慢できません。だから、整理整頓をすることが私のフラストレーションを軽減するのです。つまり、私は自分の幸せのために物を片づけているのです。

どんなことに関しても、何かを決意する時、その決意が何に基づいているかを確かめるのは、とても良い習慣だと思います。自分が何かを恐れていることに気づけば、それはエゴが決意したのだということが分かるでしょう。最も大きな恐れは、愛されなくなること、非難されること、無視されること、あるいは実行に移すことなどです。しかし、自分の決意の原因を探るようになれば、想像する以上に早く、しかも大きく、あなたの人生はより良いものに変わるでしょう。

もし、あなたが、どうして自分が完璧主義者なのかを理解しようとしないとしたら、あなたは強迫神経症になる可能性があります。あなたが、いつも整理したり、掃除をしたり、やるべきことのリストを作ったりしているために、自分の心を見つめる時間がないというのなら、その原因が〈拒絶による傷〉にあることを知る必要があるでしょう。

場合によっては、身近な人たちに、自分が完璧主義者かどうかを聞いてみるといいかもしれません。もしあなたが理想主義的な完璧主義者であるのなら、一日に数回、自分が計画していることが**本当に必要かどうか**を自問してみるといいでしょう。

人間の最も深刻な問題は、〈意識化〉ができていないということなのです。実際それは、簡単にできるようなものではなく、注意深く内面を見つめないと手に入れることはできないものです。心を開き、新たな行動様式を採用し、ストレスを解放することは、あなた自身にしかできません。あなたが本当の意味で謙虚にならないと、人生の大部分をエゴに支配されて過ごしてきた、などと認めることは、とてもできないでしょう。

敬意と尊重

私たちに、否定的な感情をたくさん抱かせる別の領域は、敬意に関するものです。自分が尊重されなかった時、あるいは、尊重の念が足りないと誰かに非難された時、私たちはとても苦しくなります。しかし、尊重するとはどういうことでしょうか？　私たちは、自分よりも知識がある人たち、あるいは、私たちに対して尊大に振る舞う人たちに服従することがあります。

しかし、私たちは、自分の心に起こること以外には、決して何も手に入れることができない、と知る必要があるでしょう。つまり、もしあなたが自分を尊重しないなら、あなたは決して尊重されないし、また他者を尊重することもできないということなのです。**自分自身に対する態度と、他者に対する態度は、まったく同じ**なのです。それが〈人生の三角形〉と呼ばれるものです。私たちはそれを、できるだけ頻繁に思い出さなければなりません。

〈人生の三角形〉

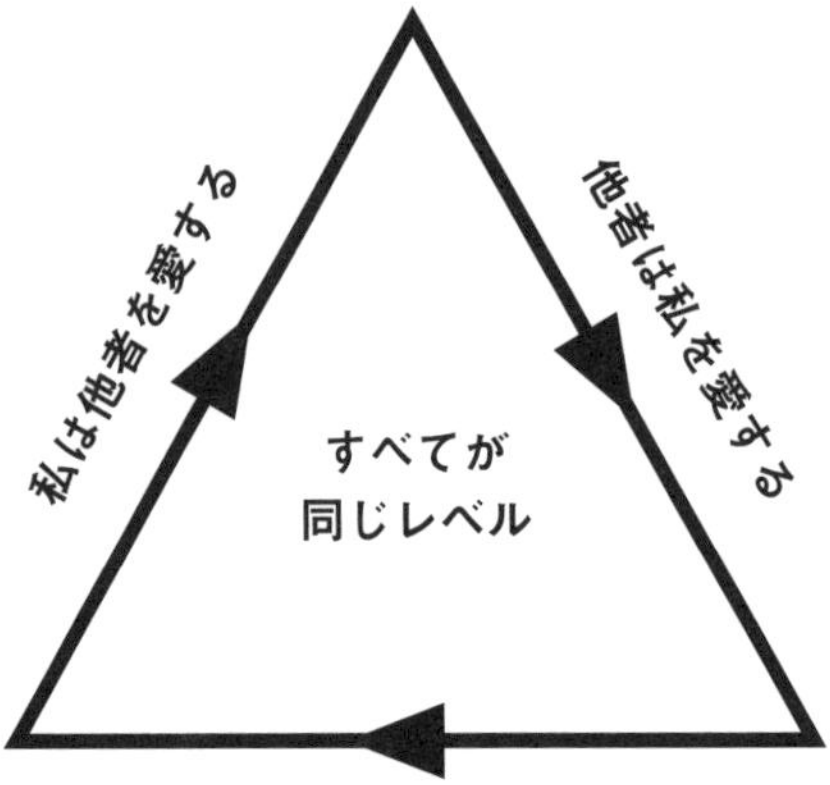

自分に対する敬意とは、自分自身であること、自分のニーズを聞くこと——たとえ、他人の同意を得ることができなくても——なのです。それは、自分の生きる空間を尊重し、そして他者にも尊重してもらうことなのです。

〈尊重〉という言葉の意味を理解した時、私は、自分自身を尊重しておらず、したがって、他者も尊重していなかったということに気づきました。私は、他の人たちが私の考え方や生き方に賛同しない時、彼らはちっとも私を尊重してくれないと言って、嘆いていました。

私は、自分のやり方の方が彼らのやり方よりもずっといいのだから、彼らが私に同意しないのはおかしい、と本気で思い続けてきたのです。

なんと、ここでもまた、エゴの声以外に耳を貸さなかったということなのです！

私が、〈真の愛〉の概念を理解するにつれて、〈他者〉という概念も大きく変わり始め、ひどく動揺したのを覚えています。また、〈真の愛〉を実践に移すのは、それほど簡単ではなかったということを告白しましょう。現在では、それを難しいと思わせたのは私のエゴであることを知っています。幸いなことに私は、〈無条件の愛〉を根気よく実践し続けることができました。というのも、スピリチュアルな考え方のすべてが、私の人生を調和させるのに役立つ、ということを知っていたからです。

あなたが他者に賛同できず、それでもその人を変えようとせず、その意見を受け入れる時、あなたは執着を手放したのであり、その人を尊重しているのです。他者があなたに対してそれと同じことをする時、あなたもまた尊重されたと感じることでしょう。他の人が反対しているにもかかわらず、あなたが、自分のやりたいことに向かって進むなら、あなたはまた自分を尊重していることになります。

そのように振る舞っている時、あなたはエゴの声ではなく、ハートの声を聞いているのです。あなたは自分に対して愛を与えているのであり、その愛は、あなたの〈心の傷〉を癒すでしょう。あなたが自分を尊重すればするほど、他者もあなたを尊重するようになります。

これまで私が言ってきたことをまとめれば、私たちのほとんどが、数多くの否定的な感情やストレスを経験しており、そのことが私たちの老化を加速している、ということになるでしょう。

そして、この老化を食い止めるには、私たちの〈思い込み〉――それこそがエネルギーを奪うのですから――を変え、否定的な感情やストレスを軽減する必要がある、ということです。

人生のそれぞれの時に、自分をさらに尊重すれば、そのたびに、エゴの声を聞くことによって浪費していたエネルギーを取り戻すことができるでしょう。そうすることで、私たちは愛のエネルギーに、ふたたびつながることが可能になるからです。その結果、私たちは、地球と宇宙のエネルギーにつながることになり、私たちのエネルギーは安定するはずです。そうすれば、エゴの支配に屈することは、なくなってゆくでしょう。

もしあなたが、身近な人たちから尊重されていない、と感じるとしたら、あなたもその人たちを同じ程度に尊重していないことを知るべきです。誰かに対して尊重の念を欠いていると意識できるような状況に、あなたは出合うことがあるでしょう。でも、それをエクササイズとして意図的に行なえば、あなたは、思っている以上にそうした状況に自分がいることに気づくはずです。

もう一つのやり方は、あなたの身近な人たちに、自分はもっと人を尊重する人間になることに決めたと告げ、そうなるために、もし私がその人たちを尊重していないと感じたら、そのことをすぐ教えてほしい、と頼むことです。そして、彼らがそれを教えてくれた時に、自分にはそんなつもりはなかった、と言って自己正当化をしようとするなら、あなたはエゴに支配されていることになります。

あなたの〈センター〉にとどまるには、彼らの言うことを素直に聞き入れ、それをしっかりと心に刻みつけることです。そして、彼らの目にあなたが敬意を欠くように映ることも、あなたの目に彼らが敬意を欠くように見えることも、ともにそのまま受け入れてください。

否認とコミュニケーション

ここで私は、二つのテーマを一緒にまとめましたが、なぜかというと、否認をしている時の私たちは、自分および他者と、真の意味でのコミュニケーションが取れていないからです。また、否認というのは、拒絶されること、あるいは他者を拒絶することを恐れているしるしなのです。否認における最も大きな間違いは、否認の対象に関わるあらゆる会話が、自我のレベルにとどまってしまう、ということなのです。

私は、自分自身ならびに他者に対して自分がどれほど否認をしているか、ということに気づくまで、本当に長い時間がかかりました。

先日、私は、配偶者との関係がうまくいっていない、あるご婦人と話をしました。彼女に、どんなふうに感じているかを尋ねると、彼女はただちに、「彼は私の言うことをまったく聞かず、癇《かん》にさわるようなことばかり言って、私を怒らせるんです」と言いました。私は彼女に、こう言いました。私は、どんな状況なのかを聞いているのではなく、あなたがどう感じているのかを尋ねているのです、と。

彼女はしばらく考えていましたが、やがて、「拒絶されているように感じるんです。でも、ほかの気持ちはうまく感じ取れません」と言いました。うまく彼女が感じ取れるように少しアドバイスをすると、彼女はついに、「力を奪われた感じ、途方に暮れた感じがします。また、自分は理解されていないという感じがし、それが悲しくて、つい攻撃的になります」と言いました。

そういう本当の気持ちを感じ取らない限り、彼女は配偶者と、真の意味でのコミュニケーションを取ることはできません。また、配偶者に対しても、自分と一緒にいてどんな感じがするかを、聞いてみる必要があるでしょう。このように気持ちを伝え合うのは、一方的に相手に変わってほしいと思い続けるよりも、はるかに大きな実りをもたらすはずです。しかし、ほとんどの夫婦が、このように気持ちを伝え合うことをしていません。

ある時は、夫の方が、自分の気持ちを言おうとしない場合があるでしょう。もしそうだとしたら、妻の方は、まだ夫にその準備ができていないということを受け入れて、言いたくなったらいつでも言ってほしい、と伝えればよいのです。その結果、しばらくのあいだ夫が気持ちを分かち合おうとしなくても、まったく問題はありません。大切なのは、本当のコミュニケーションに対して心を開き、二人が意識化を行なうことなのです。そうすれば、やがて、気持ちを分かち合うことができるようになるでしょう。

私も、最初の夫とのあいだで、なかなか気持ちを分かち合うことができませんでした。そしてある日、私は、「彼が何も理解しようとしないのだから、私は私で勝手に幸せになろう」と考えました。エゴというのは本当にやっかいなものです！

彼と離婚することを決意した時、これでやっと私の問題は解決する、と本気で思いました。ところがそうはいかなかったのです。時々会ったり、あるいは、子どもたちのことについて話し合ったりする時、私は相変わらず否定的な感情をたくさん感じ続けたのです。また、二人の息子が別れた夫と同じように振る舞う時、私は否定的な感情をたくさん感じました。そして、彼らの父親を変えようとしたのと同じように、息子たちを変えようとしたのです。

より良いコミュニケーションを取りたいのなら、あなたは自分の気持ちをはっきりと感じ取り、それを相手に伝えなければなりません。

あなたが本当に言いたいこと、あるいは相手にしてほしいことを、相手が察するだろうと思っているあいだは、あなたは決して人生に満足できないでしょう。そして、怒りや罪悪感などの否定的な感情をたくさん抱き、エネルギーを失うことになります。それこそ、私が最初の夫とのあいだで経験したことなのです。

私は、してほしいこと、してほしくないことを、一方的に夫に伝えて、夫がそれを覚えているはずだと思い込んでいました。そして、もし夫が私を本当に愛してくれているなら、私を幸せにするために、そうしたことをすべてかなえるはずだ、と決めつけていたのです。

良好なコミュニケーションをはかる上で大切な、もう一つのことは、あなたが気持ちを分かち合おうとする相手、あるいはあなたが何かを頼もうとする相手は、あなたと気持ちを分かち合うこと、あるいはあなたが頼んだ仕事をすることを義務づけられてはいない、ということを知っておくことでしょう。相手がどうするかは、相手が決めることなのです。それと、相手があなたと話すつもりがあるのかどうかを、事前に確かめておくことも必要でしょう。そのようにすれば、相手はあなたの話に耳を傾けやすくなるはずです。

逆に、相手があなたに話をしたいと言い、あなたがそれを聞こうと思った時は、相手が言いたいことを理解するために、時間をとって、あれこれ質問する必要があるでしょう。また、相手がどんなふうに感じており、何を望んでいるのか、またそれはどうしてか、といったことを理解することも大切です。相手が、自分は尊重されている、しっかりと聞いてもらっている、と感じることが必要なのです。

もし、相手があなたに何かを要求し、それをあなたが受け入れられない時は、率直にそれを伝えるべきでしょう。私たちは、ともすれば、ものごとを自分に都合の良いように解釈しがちだからです。私たちは、相手が話している時、相手の言っていることではなく、自分のエゴの声を聞いていることが多いものです。ですから、相手が言ったことを自分がきちんと理解しているかどうか、手間暇をかけて確かめた方がいいのです。

話している相手の反応を見れば、あなたがハートで聞いたか、それともエゴで聞いたかが分かるでしょう。相手は、常にあなたの〈鏡〉なのです。あなたの心の中で起こっていることを、相手は正確に映し出します。もし相手が満足していないとしたら、また、自分の言うことをあなたが聞いてくれたと感じていないとしたら、さらにあなたの何かを非難したとしたら、あなたが自分のエゴに支配されていたということであり、その結果によって、相手もそうなったのです。話している相手とのあいだに気まずい雰囲気が生まれる時は、必ず、エゴがしゃしゃり出ているのです。

もしあなたがそういう状況を経験し、しかも、自分がエゴに支配されているということが分かったら、相手にそのことを素直に伝えましょう。自分が相手に同意していないことを受け入れてくれるかどうか、また、あとで別の機会を設けて話し合う機会を作ってくれるかどうか、誠実に尋ねてみてください。

家族のことになるとコミュニケーションに困難を感じる、という人たちが数多くいます。私はここで、一人息子の配偶者の問題を私に語ろうとした、ある女性のことを思い出します。彼女は私に、息子の嫁が風変わりな人だ、と言ったのです。そこで私は、「息子さんはそのことを、どのように感じているんですか?」と尋ねました。彼女は、まったく分からない、息子にそれを聞いてみようとさえ思わなかった、息子夫婦の問題に自分が首を突っこむのは良くないと思ったからだ、と答えました。

もしあなたが似たような状況にあるとしたら、そうした問題を抱えている人に、どのように感じているかを率直に聞いてみればいいでしょう。ある状況でどんなふうに感じているのかを聞くことは、その人を尊重していないということには、まったくなりません。むしろ、その人を思いやっていることになるのです。もし、その人が話したがらないのであれば、それを受け入れて、それ以上聞かないようにすればいいのです。それが、相手を尊重するということです！

多くの人が、本当は相手が分かち合いをしたくないと思っているのに、そうしたい気持ちがあるかのごとく振る舞うことに満足を覚えます。一方で、多くの人は、お説教をされたり、ほしくもない助言をされたりするのが、好きではありません。大切なのは、双方が相手に対して思いやりを持っているかどうか、ということなのです。

相手があなたに何かを話したがっている時、または、あなたに何かを頼みたがっている時、あなたが相手に思いやりを持って接すれば、相手にとってためになる解決方法を見つけることが、ずっと容易になるでしょう。

真の意味でのコミュニケーションを取るやり方を学ぶことは、本当に大切です。五〇歳を越えた多くの人たちが、子どもたちや配偶者とのあいだに長年にわたる深刻な問題を抱えており、それらがいつか解決されるとは、とても思えない、と語っています。ですから彼らは、もう、耐えるしかないのです。この時、新たな振る舞いや態度を採用するのを先延ばしにすればするほど、さらに多くの努力と勇気が必要になる、ということを覚えておいてください。

以下に、私が聞いた、さまざまな事例を挙げておきましょう。

•私には、嫁の気持ちが感じられません。彼女は、私に対してとても冷たいので、息子夫婦を家に呼びたいとは、もう思わなくなりました。

•息子にお金をあげるのをやめた時から、彼は私たちに何も話さなくなりました。もう五年もそんなことが続いています。彼には今、子どもが二人いますが、私たちはその子たちに会ったことがありません。

•私の娘婿はひどく乱暴で、娘は完全に彼の言いなりになっており、私は絶えずそのことを心配しています。

•私の息子は三五歳になりますが、アルコール依存症であり、そのせいで仕事が長続きしません。妻と私は、彼を家に泊めてやらなければならず、そのためにひどく消耗しています。

•夫が定年退職して以来、私は不自由だと感じています。彼は私のやることをいちいちチェックするので、私は、いらだってばかりいるのです。かつて従業員たちを支配していたように、今では私を支配したいのでしょう。

•孫たちが生まれてから、しょっちゅう彼らを預からなければならなくなりました。息子は、私以外の人間に、孫たちの世話を焼かせたくないのです。私は、「ノー」と言えずにいます。

これらの人々の問題に共通するのは、きちんとコミュニケーションが取れていない、ということでしょう。自分が感じていることを確かめて、それを分かち合い、また、どうしたいのか、どうしたくないのかを伝える、ということができていないのです。エゴの声を聞いて恐れや罪悪感を抱くのではなく、自分のニーズをしっかりと聞いて、それを満たす必要があるでしょう。

みずからの不遇を嘆きつつ、しかし、自分よりも大変な人がいるのだから自分はまだましだ、と自分をなぐさめる人たちもいます。他にも不幸な人たちがいるのだから、自分も幸福になることを望むべきではない、と考えているのです。これは、〈不正による傷〉と〈拒絶による傷〉が活性化している、良い例でしょう。〈拒絶による傷〉があるために、自分の本当のニーズを否定してしまうのです。

あなたが何歳であったとしても、豊かで良好な人間関係を築きたいと願うならば、できるだけ頻繁に、自分がどう感じているかを自問し、さらに相手がどう感じているかを聞いてください。

その結果、多くの良い事柄が起こることを私は保証いたします。それは簡単に、また短期間で手に入れられる習慣ではありませんが、しかし、週に何度か辛抱強く続けることで、やがてあなたは、自分を良い方向に変えることができるでしょう。先ほど例に挙げた人たちのように、年を取るごとに気持ちがすさみ、不幸な生き方をするのを、あなたは望んでいないはずです。

この習慣があなたの中に根づけば、あなたは自分を助けるだけでなく、身近な人たちも大いに助けることになるでしょう。というのも、家庭においても、学校においても、私たちは自分の気持ちを話すということを教えられていないからです。この習慣を続けていけば、やがてあなたは、否定的な感情にとらわれても、そこから簡単に抜け出すことができるようになるでしょう。さらに私は、自分の感じている気持ちを一つだけに限定しないようにと、アドバイスしておきます。というのも、私たちを苦しめる気持ちは、しばしば抑圧されることがあるからです。それらを明るみに出すことが大切なのです。

否認に関して言うならば、それを意識化することを、特に強く決意する必要があるでしょう。場合によっては、他の人たちに助けてもらうと良いかもしれません。自分が否認をしているかどうかを知りたいならば、まず、自分の使う言葉に注意をする必要があります。

「問題なんかない」、「まったく大丈夫」、「別にどうってことないですよ」、「そんなこと気になりません」、「すべてうまくいっています」などとあなたが言うとしたら、言っている内容が本当なのか、ただ自分がそう思いたいだけなのか、きちんと確認することが大切です。
また、誰かがあなたの気持ちを尋ねた時、あなたがよく考えもしないでただちに答えたとしたら、それはエゴから来ており、あなたは自分が感じていることを否認しているのだ、ということを覚えておいてください。

常に、自分がどういう気持ちなのかを、時間をかけて感じ取るようにしましょう。ある状況に関して、少なくとも三つか四つの気持ちを発見するようにしてください。

ある日、ETCの研修を受けていないにもかかわらず、自分はETCの教えをよく知っていると称する女性と話す機会がありました。彼女は私に、「感情をあまり感じないとしたら、また、体が必要としている物しか食べないとしたら、人生がひどく退屈なのではありませんか」と聞いてきました。そして、もし自分がそんな生き方をしたら、人生に刺激がなくなると思う、と言いました。

私は、とっさに何と答えてよいか分かりませんでした。エゴがいかに巧妙に否認を行なわせるかということに、唖然としていたのです。私は彼女に、人生が退屈になるかどうかは、実際にそうやって生きてみたら分かりますよ、とだけ答えておきました。

否認とは、非現実的に完璧を求める場合に起こることであり、〈拒絶〉を恐れる心に、その原因があります。人は、自己評価が低い時に、自分の問題で他者をわずらわせることはできない、と考えるものです。そこで、それについて語るのを、やめてしまうわけです。

彼らの否認はあまりにも強烈なので、他者から見ると一貫性がなく、時には嘘をついているように感じられることもあります。同時に彼らは、苦しみの原因をあまりにも巧みに隠蔽するので、場合によっては、記憶をなくしているように見えることさえあります。彼らがある状況を把握するやり方が、同じ状況を見ている他者からすると、まるで正反対に思われることもあるでしょう。

否認は、多くの心理的、肉体的な病気の原因となります。否認があると、私たちは自分の本当のニーズを感じ取ることができず、それがエネルギーの大きなブロックを形作ることになるからです。

あらゆる病気は、私たちが自分を充分に愛していないがゆえに、自分の魂のニーズを聞かないことによって、引き起こされます。私たちの肉体は、一生のあいだ、私たちにさまざまなメッセージを送ってきているのです。それらを受け取らずにいると、さらに重大なメッセージを送ってくるようになります。

年を取った多くの人たちが、精神的な病気に苦しめられていますが、それは、彼らがそれまでの人生において、ずっと否認をしてきたからなのです。老いるに従って、彼らは精神錯乱の中に逃げ込み、他者が理解できない世界に住むようになります。私は、長いあいだの否認が人生に及ぼす深刻な影響を、多くの人たちに知ってもらいたいと、心から願っています。

〈拒絶による傷〉と〈見捨てによる傷〉、あるいはその一方に苦しむ人が重篤な病気になる例が、最近、急速に増えています。

ある人たちは、自分が感じていることを心の奥に抑圧した結果、体重増加という問題に直面することになります。それはまるで、感情が一杯になったために、それを入れるための空間を体が作っている、というような印象を与えるでしょう。

そもそも、年を取るとおなかが出てくるものですが、多くの人が、それを当然だと思い込んでいます。しかし、それはまったく当然なことではありません。長い年月のあいだに、感情を心に溜め込んできたことが原因なのです。

自分の否認がどの程度なのかを知ることは非常に難しいので、あなたが否認をした時、身近な人たちに指摘してもらうようにするといいでしょう。ただし、あなたが真実に向き合う覚悟ができていない場合、あなたは必ずしもそれに対して同意しないかもしれません。

その場合は、同意できないことを自分に許してあげてください。そして、相手の言っていることを拒否しているわけではなく、今は相手の見方に賛成できないだけであり、もう少し時間をかけて考えさせてほしい、と伝えましょう。

第六章　人生における仕事の意味

多くの人が、仕事をすると老けると思っていますが、私はそう思いません。今回の人生において私は、非常に活動的に仕事をしてきましたが、だからといって私は、それほど老いたとは感じていないのです。私たちを消耗させるのは、人生のさまざまな状況ではなく、その状況に対する私たちの心のあり方なのです。そして、私たちの行動を決めるのは、まさに心のあり方だと言えるでしょう。

私はもともと何かを創始するのが好きで、だからこそ私の仕事は重要な意味を持つのです。何かを創設する、ということは、私の人生の計画そのものなのです。

私はずっと以前から、ものすごく活動的に生きてきました。私は、秘書の学校の学費を払うために、一五歳から働き始めました。そして、一六歳で、当時住んでいた村の弁護士事務所で秘書として働き始めました。その後、二五歳の時に、タッパーウェア社で販売員として働き始めました。当時、私は結婚しており、すでに子どもが二人いました。二年後には、タッパーウェア本社のあるフロリダのオーランドにおいて、北アメリカの最も大きなチームを率いる統括責任者に選ばれました。この時の式典には数千人が参加し、私は妊娠九カ月でした。娘のモニカ――彼女は現在、ＥＴＣの取締役を務めています――が、もうすぐ生まれようとしていたのです。

私の両親も非常に活動的に生きており、とても幸せそうでした。ですから、私がそんな生き方をしたのは当然だったと言えるでしょう。ただ、両親が多くのストレスを抱えているのは知っていました。そもそも彼らには、子どもが一一人もいたのです！

木工職人としての父の収入では、家族を養うことができませんでした。両親は、それ以外にもお店を一軒持っており、ものすごく忙しくしていました。家計のやりくりはとても厳しかったようです。とはいえ、何かが足りなかったことは一度もありません。ですから、大きな家族であるけれども、他の人たちと違っているという印象は持ちませんでした。

私もまた、セールスの仕事において、数多くのストレスを抱え込んでいました。けれども、仕事で良い成績を収めていること、いろいろなことが学べること、とても多くのお金を稼げることが、私に喜びとエネルギーをもたらしており、仕事や私生活で私が経験していたストレスを、あまり感じさせなかったのです。

後年になって、私はＥＴＣを創設し、二番目の夫となるジャックと出会いましたが、その間、エネルギーは増え続ける一方でした。なぜなら、私は、常に本当の自分でいること、自分のニーズをしっかり聞くこと、自分が限界を持っているのを受け入れること、〈いまここ〉を生きること、自分を信頼すること、信念をさらに強くすることを実践していたからです。そして、そうしようと決意したことが、ますます大きな生きる喜びを私に与えてくれたのです。

本当の自分でいること

本当の自分でいるためには、私生活と仕事において、二つのやり方があります。まず、自分との関係において本当の自分でいること、そして、他者との関係において本当の自分でいることです。本当の自分でいる、というのは、一貫性を持って生きる、言うこととやることが一致している、ということです。自分のやっていること、自分の感じていることが、自分の考えていることと一致しているかどうかを常に確認しつつ生きる、ということでもあるでしょう。

たとえば、講演会の時に、私の教えの重要な一部を伝え忘れたとしましょう。そして、私の話を聞く人たちは、私が何を言うはずだったか知らないのだから、それはたいしたことではないと考えたとします。しかし、時間をかけて自分の内面を検証すると、実は自分が罪悪感を持っていること、後悔していること、自分を完全だと思えていないことなどに気づきます。そこで、もう二度と同じことは繰り返すまいと決意するのです。そして、言い忘れたことを銘記して、次の講演会では決して忘れないようにしようと決心するのです。これが、自分の行動を自分の感じていることに一致させる、典型的な例であると思います。

　こういう検証をあなたも日常的に行なうことを、私はお勧めします。そうすれば、さまざまな否定的な感情が起こった時に、それを抑圧せずにすむでしょう。つまり、自分に話しかける時、また、他の人たちに話しかける時に、時間を取って、自分が本当の自分でいるかどうかを確認してほしい、ということです。そうすれば、本当ではないことを本当だと思い込んでいることが、予想以上に多いということに気づくでしょう。

　私たちが、自分自身、そして他者に対して真実でない時、私たちは自分を愛していません。その時、私たちは罪悪感または恐れを持っています。これは、私たちがその状態にとどまるように、エゴがあらゆる方策を使っているということでしょう。

　ＥＴＣの講演会やワークショップの参加者から、私は数多くの感想をもらいます。その感想の中で、彼らは、ＥＴＣの講師やトレーナー、そして私自身が真実を生きていることを高く評価する、と言います。どうして彼らは、ある人が真実を生きているかどうかを判断できるのだろうか、と私は不思議に思っています。おそらく彼らは、直観的にそれを感じ取っているのでしょう。

エゴは、私たちが真実に従って生きることを嫌います。なぜなら、もし、間違いや欠点、そして弱さを認めたら、私たちは愛されなくなるだろうと思っているからです。エゴの意図は善意からのものですが、それでも私たちは、エゴの声を聞くべきではありません。エゴなりのやり方で私たちを助けようとしてくれていることには感謝しつつ、しかし、自分のことは自分で決めるということ、また、その結果に直面する覚悟があるということを、エゴに伝えるべきなのです。

嘘をつく時には、状況をありのままに見ようとしていないため、私たちは多くのエネルギーを浪費します。真実を生きようと決意することは、それらの失われたエネルギーを回復させることでもあるのです。

自分のニーズを聞く

ある時期、私は、あまりにも素早く自分のニーズを実行に移すので、それがかえってストレス、恐れ、否定的な感情の原因になることがありました。ETCを創設してから数年後に、ようやくそのことを意識化できるようになり、私は生き方を変えたのです。

それまでの私は、常に同じやり方をしてきました。つまり、何かやりたいことを思いつく、そのことを考えて「ワオ！　すごい！　これをやりたい！」と感じる、そしてそれを得るためにすぐ走り始める、というわけです。

『私は神！』という自叙伝の中で語っている通り、私は数多くの決断をし、すぐにそれを実行しました。そして、それは非常に高くつくものとなったのです。しかも、長い目で見ると、それは本当に多くのストレスを引き起こし、私は、始めたことを、その後やめざるを得なくなったのです。

そんなことを繰り返すうち、私の内部で〈女性原理〉と〈男性原理〉のバランスが取れていないことに気づくようになりました。女性原理は、願望を持つ、幸福を感ずる、といった領域を担当し、男性原理は、最も良い時期に実行に移す、願望を満たすための方法を考える、といったことを支援します。

願望をただちに実現しようとした私は、この場合、〈男性原理〉をまったく無視していた、ということになるでしょう。

私がそのことに気づく前にした、失敗の例を挙げてみましょう。一九八六年に、素晴らしい屋敷が売りに出されていることを私は知りました。私は、それを改造してＥＴＣの研修センターにするために、ただちに購入することを決断しました。しかしその二年後、私はその物件を手放さざるを得なくなり、しかも、前よりも多額の借金を抱え込んでいたのです。

私は、この失敗について時間をかけて考え、どうしてそのような状況を引き寄せたのかを理解しました。そのあとで私は、従業員たちからなる運営会議を立ち上げ、その会議の過半数の賛同を得ない限り、願望を実行に移すことはしない、という約束をしました。それ以降、事態が変化し始めたのです。この運営会議が、私の〈男性原理〉の代わりを務めるようになったからです。

こうして女性原理と男性原理が調和するまで、数年のあいだ待たなければなりませんでした。私はその間も、いろいろな願望を持ち、新しい経験をしたいと思いましたが、その願望がもたらし得るすべての結果を検討し、それらに直面できると確信するまで、充分に時間をかけました。こうして私が果たした進歩のおかげで、計画はますます簡単に実現するようになり、私はストレスや恐れをますます感じなくなっていったのです。それはまた、仕事においても、私生活においても、男性たちとの関係を大きく変えることになりました。

あなたの願望が、あなたの本当のニーズに応えるものであるかどうかを知るには、それが恐れに基づいているかどうかを確認すればいいのです。あなたは、その願望を実現しないと何か良くないことが起こるのではないか、と恐れていませんか?

たとえば、今の仕事を辞めて、あなたの好きな分野で自分の会社を立ち上げたいとあなたが望んでいるとしましょう。先ほどの問いかけをしてみて、もしあなたが願望を行動に移さなければ、他の人たちから「臆病者」と見なされるのではないかと、あなたが恐れていることが分かったとします。それによって、先ほどのあなたの願望が、あなたの本当のニーズから出ているものではないということが分かるのです。なぜなら、あなたは拒絶されること、愛されなくなることを恐れているからです。ですから今、その状況であなたが願望を実行に移すのは、おそらく早すぎる可能性があるでしょう。

さらに、今すぐ行動に移して夢を実現することを、あなたが恐れているとします。その場合、あなたの願望はニーズに応えていますが、エゴが恐れを持っているために、あなたは前進できないでいるのです。

私は、いま書いたばかりのことを、実際に経験しました。そして、それは、私の人生において本当に重要な教訓となったのです。

フランスで教え始めた直後、私は、リゾート地として有名なカナダ・ケベック州のローレンシャンにホテルを買い、ＥＴＣの研修センターに改築しようと考えました。すでに触れた「屋敷」を手放してから五年が経っていました。私は、すべてがうまくいくだろうと確信していました。なぜなら、運営会議のメンバーも賛同していましたし、購入する際にも、問題は何もなかったからです。

しかし、静かに、そして確実に借金が増えていきました。なぜふたたびこんなことが起こったのだろうかと、私は不思議で仕方ありませんでした。そして、時間をかけてよく考えた結果、この計画を立ち上げるにあたって、自分が恐れを持っていたことを発見したのです。フランス人たち、そしてヨーロッパ人たちは、私のスクールを高く評価してくれないのではないか、と恐れていたのです。だから私は、彼らに強い印象を与えるために、大がかりな研修センターを作ろうとしたのでした。その狙いは当たりましたが、しかしまた、代償も大きかったのです。

センター自体は、うまくいっていました。しかし、ヨーロッパからの要請が増えたために、私がセンターに行く機会が少なくなり、そのために、私目当ての研修生がセンターに来なくなったのです。

このセンターが機能するには、五〇人の従業員が必要でした。したがって、借金があっというまに増えたのです。この時の私は、「火を消す」ことに躍起になり、活動量をどんどん増やしていったので、心を見つめる時間がほとんどありませんでした。

ある日、自分はずっと居心地が悪かった、ということを意識化するに至りました。自分がどんなふうに感じているかを確かめることが不可欠だと知りながら、それを怠っていたのです。仕事に関しても、スタッフに関しても、あるいは将来の計画に関しても、できるだけ頻繁に自分の気持ちを確かめる必要があったのです。そうすることで、自分が本当のニーズを聞いていないことが分かるからです。

本当のニーズというのは、〈在る〉レベルに関わっているので、私は、自分が本当はどう「在りたいのか」を自問しました。

その結果、ただちに分かったのは、「私はスピリチュアルな教師で〈在る〉ことを望むのであって、大きな研修センターを〈持つ〉ことを望んでいるわけではない」ということでした。

私は、心の中で「ワオ！」と叫びました。この気持ちはとても大事です。なぜなら、自分が本当に望むことこそが、魂のニーズ、真の人生計画だからです。

自分が本当は「どう在りたいのか」が分からなければ、次に示す段階を踏むとよいでしょう。

①ある状況において居心地の悪さを感じた場合は、「もし、すべての条件が完璧であり、必要なお金と才能をぜんぶ持っていたとしたら、いったい自分は何を望むだろうか」と考えてみるのです。すると、ある「願望」が心に浮かぶでしょう。

②次に、この願望が実現しているところを思い描き、自分がどんなふうに感じているかを確かめてください。より創造的で、誇らしく、情熱にあふれているなら、それがあなたの望みなのです。こうしてあなたは、人生計画に合致した、自分の本当のニーズを発見することができるのです。それは、あなたの魂の願いでもあるでしょう。

③その場合、ただちに行動を起こして、あなたの目標達成に向かってください。結果があなたの期待に応えるかどうかは、気にする必要がありません。

先ほどの、研修センターに関して私が下した決断のあと、私が行なったのは、この③の段階でした。自分のニーズを実現するためのアイディアを得るたびに、私は大きな喜びを体全体で感じます。そのアイディアを実現するために必要な、あらゆるステップを私はノートに書きます。最終的な目標を思い描きながらこの作業をすると、大きなエネルギーが湧いてくるのが分かります。このような活動期には、私の睡眠時間は極端に少なくなります。これは、計画が形になるのを見るのが、それほど嬉しいということなのです。

さて一週間後、私は研修センターのスタッフ全員に、一カ月後にこのセンターを閉鎖すると伝えました。閉鎖する時期を一カ月後にしたのは、彼らが次の仕事を見つけられるようにと配慮したからです。

翌月のお別れ会の時、スタッフのほぼ全員が、閉鎖までの一カ月で何を経験し、その結果、どう職を得たかということを分かち合ってくれました。本当に素晴らしいお別れ会でした。

このことは、ＥＴＣの新たな発展への出発となりました。なぜなら、私が自分のニーズを聞くようになったからです。その後、私の本は二二カ国で翻訳され、毎年、ＥＴＣの教えを新たな国に広めに行くことになりました。こうして、二年後には借金から解放されたのです。

あなたは、自分がどう〈在る〉かを決めることができます。というのも、あなたの望みを知っているのは、あなただけだからです。あなたは、自分の気持ちだけを考えればいいのです。そもそも、あなたが人生で行なったことの結果を引き受けられるのは、あなただけなのですから。

あなたが自分の本当のニーズを聞けば、素晴らしいエネルギーが湧いてきますので、あなたは何度でも、それを繰り返したくなるでしょう。あなたの若さとエネルギーを保つのに、これ以上の素晴らしい手段はありません。

ただし、人生において態度や振る舞いを変えるにあたって、ある程度の心地悪さがともなうことは、知っておく必要があるでしょう。その際、エゴの恐れに負けてはなりません。たとえば、新しい筋肉を使い始める時には、ある程度の調整期間が必要となりますが、それと同じだと考えてみてください。この筋肉は、やがて強くなって、私たちの要求に応えてくれるはずです。決意に関しても、それと同じことが起こると考えればいいでしょう。

考え方を変えるために必要な段階を、以下に示しておきます。

- 自分が何を望むかを知ったら、それを紙に書き、あなたが頻繁に、しかも簡単に見られるところに貼りましょう。
- その願望が実現された状態を思い浮かべ、どんな気持ちになるかを実感してみましょう。
- 一日の終わりに、それを実現するために少なくとも行動を一つ起こした、ということを確認しましょう。
- 恐れや疑いを感じたら、エゴがそれを感じさせていることを受け入れましょう。そして、エゴが自分に関心を持ってくれたことに対して感謝し、願望を実現した結果は自分が引き受けるから安心するようにとエゴに言いましょう。

- あなたが感じた恐れと疑いを、その目標を達成した時に感じるはずの喜びで置き換えましょう。

このエクササイズを実践すればするほど、ニーズを実現するのが容易になるでしょう。その過程で、心の奥に持っていたのに、それまで気づかなかった他のニーズを発見するかもしれません。それを意識化すれば、その実現に必要なエネルギーと力を、あなたは手に入れるでしょう。

私は、常に、学ぶことに大きな意欲を持ち、また、新しい経験をすることを強く望んできました。ただし、それが私の魂の重要なニーズに応えることになるのかは分かりませんでした。

こんにちでは、以前に比べ、決定的に意識的になっています。他で聞いたことも見たこともない新しい教えのアイディアを得ると、私の胸は本当に熱くなります。新たなインスピレーションを得ると、私は本当に幸福で満たされるのです。そして、いつ、どのようにして、この新たな知識を使えばいいのかが、すごく簡単に分かります。

しかも、新たに学ぶことは、私の人生において、常に役に立つのです。あなたも、私が提案したさまざまな方法を実践に移す前に、それがあなたにとっても有用であるかどうかを確かめてみると良いでしょう。

〈いまここ〉を生きる

私にとって、計画・実行が、〈いまここ〉を生きる上で、最も効果的な方法であり続けましたが、それについては直前の章でお話ししたばかりです。この、計画・実行を続けているために、私は週のうちの多くの時間を仕事にあてていますし、そのためのエネルギーも充分に持っています。また、計画・実行のための最良の道具は手帳であるということもお話ししました。手帳は、仕事だけでなく、私生活においても、その大きな有効性を失いません。

私は、仕事に関しては一年後の計画を立て、個人的な領域に関しては数カ月後の計画を立てています。多くの人は、私のこのやり方に驚くようです。

たとえば、日本に教えに来てほしいという依頼があったとします。私はその日のうちに、来年日本に行くとしたらどう感じるだろうかと自分に問いかけ、その気持ちを確認します。もし、「ワオ!」と思ったら、私はただちにそれを受け入れます。

一年後に旅行ができると、どうして知ることができるのか、人々は私に尋ねます。それは、私の体がメッセージを受け取る感じなのです。私が旅行をし、講演会を行ない、ワークショップを開くことを前もって知ると、体はそれに対して準備をすることができるようなのです。それがまた、私がほとんど病気らしい病気にかからない理由でもあるでしょう。

ＥＴＣの仕事のために旅行をするようになってから、二八年が経ちました。また、行事よりもはるか前に計画を立てるようになってからは、五〇年が経ちます。たとえ、喉頭炎や風邪、また何らかの不調に見舞われたとしても、私が約束を違《たが》えることはありませんでした。セールスの仕事をしていた時、一度だけ、アジア風邪にかかって一週間の仕事の約束を破ったことがあります。それ以来、肉体の問題によって私が計画を変更したことは、一度もありません。これが、私にとっての、〈いまここ〉を生きるための方法なのです。

私はまた、仕事を提供されたり、要求されたりした時、それを受け入れる前に、自分がどう感じるかをずっと確認してきました。何らかの事情が生じて約束を守れなくなる時は、宇宙が私にもっと良いことを用意してくれているのだと思うことにしています。ですから、そういう時は、ためらわずに約束を取り消すのです。

文章を書くことに関してもそうです。ある人から、インスピレーションが湧いた時だけ〈いまここ〉を生きるために執筆をするのですか、と聞かれたことがあります。しかし、それは逆で、執筆計画が手帳に記されているから、私はインスピレーションを受けることができるのです。ワークショップ、講演会、雑誌の記事、また新しい本のための執筆であれ、すべて同じです。

それはまるで、インスピレーションが必要になった時に、私の〈内なる神〉にそれを知らせる、といった感じです。文章を書く時、私はまず執筆項目のリストを作り、文章全体の構成を考え、それらに従って書くようにします。インスピレーションは自動的に湧いてきます。というのも、私は〈いまここ〉を生きているからです。

それと、私は人と触れ合うことを大切にしており、また、文章を書くことよりも人に教える方が好きなので、執筆する時はいつも、自分が誰かと話しているところを想像します。そうすると、いっそうインスピレーションが降りやすくなるのです。

手帳に書いたことのすべてが、私が〈いまここ〉に存在するのを助けてくれます。というのも、私はそこに書かれていることを必ず実行すると決めているからです。だからこそ、一冊の手帳にすべてを書き込むことが大切なのです。このようにして仕事と趣味を両立させることができるということが、私に一層の喜びをもたらしてくれます。実際、私は仕事をしているという気が、あまりしないのです。ただ夢中になってそれに没入しているだけ、という感じなのです。仕事をしていると感じるのは、あまり好きでないことをする時だけです。とはいえ、そんなことは、週に数時間しかありませんが。このように、私は自分のやっていることが大好きで、それがまた私に、それを遂行するためのエネルギーを供給してくれるのです。

私は、前の晩に、手帳に書いてある翌日の計画を見るようにしています。そうすることで、眠っているあいだに心の準備ができるからです。翌日の朝になると私は、手帳とは別のノートに書いてある「急を要しないこと」のリストを見ます。そして、その中のどれかが重要なものとなっていたら、それを手帳に書き込みます。これがまた、〈いまここ〉を生きるための、もう一つの大切な習慣なのです。

もし、あなたが、時間が足りないといつも不平を言っているなら、その態度こそが、〈いまここ〉を生きる妨げになっているということを知るべきでしょう。すべてを計画することは、それを実行すると決めることなので、〈いまここ〉を生きる助けとなるのです。たとえそれが他人のための仕事であったとしても、自分に正直になれば、それはまず、自分のための仕事であるということが分かるでしょう。私たちの人生を創るのは私たち自身であるということを、ここでまた確認してください。

多くの人が、人生で起こることはすべて自分の責任である、と言われるのを嫌がりますが、それは、その事実を意識できているか、そうでないか、の違いに過ぎません。それは事実なのです。

ここで、三人の子どもを育てるために、仕事を二つ掛け持ちしているシングル・マザーのことが思い浮かびました。彼女はそう思っていないかもしれませんが、一人で子どもを育てることを選んだのは、彼女自身です。理由がどうあれ、選択したのは彼女なのです。

一日のほとんどの時間、自分には自由がない、あるとすればたまに読書をする時くらいのものだ、と彼女が考えているとしましょう。そう考えると、日々は苦痛に満ちたものとなるはずです。

いつも次にやることが気になって、今やっていることを楽しむことができません。一方、すべては自分で決めていると考えれば、彼女の人生は快適なものとなり、彼女は〈いまここ〉を最大限に生きることができるようになるのです。

他の例を挙げてみましょう。あなたが、あるお店の店長だったとします。ある日、緊急事態が生じて、二時間ほど余計に働かなければならなくなりました。その時、オーナーのためではなく、自分のために働くとしたら——つまり、より多く評価されるため、より多くの給料をもらうため、あるいは、罪悪感を持たないために働くのではないとしたら——、それは、あなたが自分のためにしていることになるのです。それを自覚することが大切です。

あなたがもし、いつも時間が足りないと不平を言っているのなら、やらなければならないことをすべて手帳に書き出してください。あなたはそれらを、自分への愛ゆえにやりますか、それとも、義務だからやるのでしょうか?

私たちが体験するストレスは、やることを前もって決めていれば、ずいぶん削減されるはずです。もちろん、予測できないことは起こるでしょう。しかし、それが起こった時は、手帳に、いつそれをやるかを新たに書き込めばいいのです。もし、それらを処理しきれなくなったとしたら、そもそも計画が間違っていたのですから、計画の立て直しをしなければなりません。

一日のうちに、不測の事態がいくつか生じることもあります。そんな時私は、呼吸を整え、次のように考えるのです。すなわち、こんなことが起こったらもうお手上げだと感じるのか、それとも、優先事項は何なのかを冷静に決めるのか、私はそのいずれかを選ぶことができると。そして、どれから片づけていけばいいか、優先順位を書き出していくと、私の心は落ち着いてきます。また、いくつかの仕事は、それほど忙しくない人たちに振ればいいことが分かるのです。

一方で、病院の救急部門で働いている人たちや、大企業のクレーム対応で働いている人たちのように、一日のあいだ、ずっと警戒態勢にある人たちもいます。その仕事の性質上、彼らはのんびりと一日を過ごすことはできず、瞬間瞬間に最良なことを選ばなければなりません。彼らもまた、〈いまここ〉を生きていると言えるでしょう。

もしあなたがストレスのかかる仕事をしているなら、一日の終わりに、エネルギーが尽きていないか、もう他のことをやる意欲はないのか、を確かめましょう。もしそうだとしたら、あなたは〈いまここ〉を生きていないことになります。あなたは、恐れ、罪悪感、そして怒りを生きているのです。次にまた同じことが起こったら、しばらく深呼吸をした上で、ふたたび、自分がどう感じているかを確認してください。それから、自分が恐れを持ち、否定的な感情を生きていることを許してください。そうすれば、またエネルギーを取り戻すことができるでしょう。そして、一日の仕事が終わったあとでも、自分の好きなことができるはずです。

しばらく前のところで、私はしばしば時間を引き延ばしているように感じる、と述べました。

そんな時、私はたくさんのエネルギーを受け取ります。それがなぜなのかは、まだ分かっていませんが、でも、確かにそう感じるのです。

時々、ふだんよりも二倍の仕事をこなしたと感じる日があります。どうしてそんなことが可能になるのでしょうか？　ある時、水瓶座の時代においては、時間は直線的ではなく伸び縮みするものになる、と学びました。最初は何を言っているのか分かりませんでしたが、しかし今では、私は、自分が時間を引き延ばす能力を持っていることを知っています。ただ、どうすればそうなるかが分からないのです。このことに関して、たくさんのメモを取っています。というのも、いつか、どうすれば時間を引き延ばせるかを教えたいと思っているからです。

現時点で分かっているのは、その現象は、私が〈いまここ〉を最大限に生きている時に現出するということです。すなわち、私が何の不安も抱かず、その日にやろうと思ったことを完全に、何の支障もなくやりとげることができる、と感じている時にそれが起こるのです。その時に私が感じている「確信」に秘密があるようなのです。

さらに、私には記憶を探る必要がありません。というのも、すべてが手帳に書かれているからです。もし、すべてを手帳に記入していなければ、仕事の半分もできないと思うし、いくつかの仕事は忘れてしまうでしょう。

幸いなことに、こんにち、私たちはスマホを持っており、それを使って簡単に録音することができます。この機能を使うようになってから、すべてを記録しておくことが、格段に楽になりました。手帳にメモすることができないあらゆる状況で、私は必要なことをすべて、スマホに録音しています。ただし今度は、その録音を聞いて手帳に書き写すという作業が、新たに必要になりましたが。あなたもこの方法を採用すれば、エネルギーを大いに節約することができ、すべての注意を〈いまここ〉に向けることができるようになるでしょう。

〈いまここ〉を生きるための、もう一つの方法は、私たちのエゴの動静に注意を向けることです。実際、エゴは、私たちが好きなことに夢中になっている時でさえ、私たちの注意を〈いまここ〉からそらせようとするのです。

先にも書いたように、私は散歩をするのが大好きです。散歩をしたあとでは、いつも本当に快適です。ところが、ある日、私は散歩の最中に〈いまここ〉を生きていないことに気づきました。私は、散歩をしながら、仕事に関するあらゆる心配ごとに思いを向けており、まだ起こってもいないことを、あれこれ想像しては思いわずらっていたのです。私は、散歩しているのに、美しい風景をまったく楽しんでいませんでした。そういう時は、エゴが私を支配しているのです。このことを意識して以来、たとえ仕事のことに注意が行ったとしても、すぐ〈いまここ〉に戻れるようになりました。

さらにもう一つの方法は、私が「散歩瞑想」と呼んでいるものです。この瞑想のやり方を、私はとても好んでいます。ETCを立ち上げて以来、財政上の問題が起こったり、決定事項が目白押しになったりすると、いつも私はこの方法を使います。〈いまここ〉に戻るのに、これが最も有効な瞑想法なのです。歩きながら瞑想するためには、土を踏む足の感覚、空気中に漂うさまざまな香り、まわりの木々の色彩などに注意を向けながら散歩することです。散歩をしながら、あらゆる感覚を目覚めさせておくことだと言ってもいいでしょう。

瞑想は、それがどんな形を取るのであれ、〈いまここ〉に生きるのを可能にする、素晴らしい方法だと言えるでしょう。はるか昔から推奨されてきた方法です。

瞑想は、私たちの体の中で起こること、また周囲で起こることを「観察」することによって、可能となります。それは、観察している対象を理解しようとすることではありません。したがって、理解しようとするマインドの働きや、心配ごとなどとはまったく関係がありません。多くの瞑想のテクニックで「マントラ」を唱えることを勧めていますが、それは観察する能力を高めるためのものなのです。

もしあなたが、自分のしていることに夢中になり、何の気がかりも持たないとすれば、それが何かを考える行為であったとしても、あなたはその時、瞑想の状態にあるのです。たとえば、仕事の予定を立てる時、私は、考え、企画し、配慮します。それはマインドを使う作業です。それでも、私がエゴにわずらわされていなければ、それは立派な瞑想となるでしょう。

私たちが自分の〈センター〉にいる時は、〈いまここ〉を生きています。このセンターから出た時、私たちは過去を悔やみ、未来を恐れるのです。私たちは、センターにいながら考えることもできます。私も多くの時間、そんな状況で時間の観念から自由になり、自分のニーズを満たすことが可能となっています。

本を書く時、私は、マインドの力、記憶、企画力などを使い、目標から外れないようにします。しかし、時間が足りなくなるのではないかと心配したり、果たすべき他の仕事のことが気になったりした場合には、私は自分の〈センター〉にとどまることができなくなり、生産性が著しく低下します。一方で、センターにとどまった状態で数時間も執筆することがあり、そんな時は、いつもなしとげた仕事の量に驚かされるのです。さらに、校正者によってチェックされた本の原稿を読み返すと、どうして自分がこんなことを書くことができたのかと、本当にびっくりすることがあります。書かれている内容を、まったく覚えていないからです。そんな時にも、自分が〈いまここ〉の状態で書いていることが分かります。

すでにお分かりだと思いますが、〈物質体〉〈感情体〉〈精神体〉を使いながらでも、私たちは、〈いまここ〉を生きることができます。感情のレベルで言うと、あなたが決めたいこと、あるいは過去に決めたこととの関係で、自分がどう感じているかを確かめている時、あなたは〈いまここ〉にいます。

〈いまここ〉にいるかどうかを決める、もう一つの重要な要素は、現在のあなたの人生に関する、あなたの態度なのです。たとえば以下に、〈いまここ〉を生きていない人たちから私が聞いた言葉を挙げておきましょう。彼らは、とうてい実現不可能だと考えられることを、ただ夢想しているだけなのです。なぜかというと、彼らは責任を取ろうとしないからです。

- もっと才能と時間があれば、自分を誇りに思えるような仕事ができるでしょうに。
- これが別の仕事だったら、仕事に行くのがもっと楽しいのでしょうが。
- もし成功を手にしていれば、もっとやる気が出るでしょう。
- もし私に、もっと勇気があれば、ずっと夢見ていた小さな会社を立ち上げるんですけどね。
- もし結婚できれば、すべてがうまくいくはずなんです。
- 両親が私にもっと勉強させていれば、私の人生はずいぶん違ったものになっていたでしょうに。

彼らは、全員が、外からの助けを当てにしており、自分の中にあらゆる力があるということに気づいていません。

彼らが〈いまここ〉を生きるためには、時間をかけて、いま自分がどこにいるのか、自分はどこに行きたいのか、そこに行くための手段は何なのか、そこに行って目標を達成するにはどうすればいいのか、といったことを、詳しく書き出してみる必要があるでしょう。すると、自分が決意しさえすれば、すべては可能であるということが分かって、心地よい喜びに満たされるはずなのです。

限界を尊重する

もっと若いころの私は、自分には限界がないと思っていました。でも本当は、限界を尊重することを学ぶべきだったと思います。というのも、自分が活動的であることは自然だと感じられていましたが、限界を尊重しないことで、必ずその反動があったからです。

〈拒絶による傷〉と〈不正による傷〉があると、私たちは自分の限界を認めません。〈拒絶による傷〉があると、私たちは「否認」をします。つまり、自分の限界を超えても、それを認めようとしないのです。〈不正による傷〉があると、私たちは常に完璧であろうとします。たとえ疲れていて休息が必要だと感じても、なお完璧であろうとするのです。その時、私たちはエゴに支配されており、まだすべてが終わったわけではない、すべてが完璧にはなっていない、ここで休むのはよくない、と考えるのです。

私もこれまで、ここで休んで昼寝でもしよう、あるいは軽い本でも読んでリラックスしようと、どれだけ思ったか知れません。それにもかかわらず、まだやらなければいけないことが山のようにある、それを終えるまでは休むべきではない、と考えてしまうのでした。

ある日、まる一日を執筆に費やしている時、エゴから来るそうした完璧主義が私の人生を支配してきた、ということに気づきました。その日の午後、一五時くらいになった時、私は疲れを感じたので、ソファに寝そべって、面白そうだと思っていたスパイ小説を楽しく読んでいました。その時、いつもより早く帰ってきた夫が、車を停める音がしました。その瞬間です。私は思わず起き上がり、読んでいたスパイ小説を隠し、本を書いているふりをしたのです。

そんなふうに振る舞う自分の姿を自覚した時、私は、休みを取ると常に罪悪感に襲われる自分に気づいたのです。私は、たとえば三〇分だけ休むことにしたとしても、その間、ずっと時計ばかり見ているのです。つまり、休むことに罪悪感を持っているということです。また、仕事をしているふりをしたのは、その時だけではないことにも気づきました。私は、休んでいるところを人から見られるのが嫌だったのです。

このように私は、自分が限界を持っているということを認めていませんでした。すべてが終わらないうちは、自分に休息を許すことができなかったのです。この気づきを夫のジャックと分ち合った時、彼はこう言いました。「ああ、やっと気づいたんだね。では、これから少し仕事を減らすといいよ。君がそのことに気づけて、とても嬉しいよ。だって君は、ついつい一生懸命になって、当然休んでもいいと思える時にも、休まないんだからね」

私が感じていたことをジャックと分かち合うことで初めて、もう自分が罪悪感を持っていないこと、自分の新たな決意を受け入れたことを知りました。もし彼が私に罪悪感を抱かせていたとしたら、もっと頻繁に休もうとしたにもかかわらず、安らいだ気持ちにはならなかっただろうと思います。仕事をしていて消耗したのは、限界を尊重していなかったからなのです。私は、家庭においては、すでに自分の限界を認めていました。しかし、仕事に関しては、もっともっと頑張らなければと思っていたのです。

自分の〈体〉のどれかが要求した時、それに従わないと、三つの〈体〉すべてが影響を受けます。私の場合、〈精神体〉がいつも限界に来ていたのです。そして、それが起こると、私は、〈物質体〉そして〈感情体〉のレベルにおいても耐久力がなくなるのでした。

私は当時、腰痛、頭痛、便秘といった症状を抱えていました。感情のレベルでは、絶えずイライラしており、すぐに怒りました。仕事をしている時は、こうした感情を抑えるようにしていましたが、家にいて子どもたちや夫と過ごしている時は、自分をコントロールすることができませんでした。

なんとか心をまぎらわせるために、たいして必要でないものを買いにお店に行きましたが、そのせいで、かえって罪悪感を抱く羽目におちいるのでした。そうしたことがすべて、私のエネルギーを奪いました。もちろん、現在ではそんなことはなく、私はとても満たされて生きています。

今の私は、精神的に限界に来て集中力がなくなったと感じると、軽く体を動かしてリラックスするようにしています。散歩に行ったり、料理をしたりすることが多いですが、本を読んだり、昼寝をしたりもします。何らかの理由でそういうことができない場合は、一人きりになって、少なくとも一五分くらい、目を閉じて沈黙に耳を澄ますのです。

今の私が肉体的に疲れることはほとんどありませんが、エネルギーが低下してきたと感じると、心地よい椅子に座って、気晴らしになるような本を読んだり、タブレットでゲームをしたりします。そうすると、急速にエネルギーを取り戻します。どうも、私はそのようにできているようなのです。そのあとで仕事に戻ると、私はそれ以前よりも、はるかに生産的になるのです。

以上のお話が、あなた自身の限界を認めるための手助けになればと思います。あなたが今、若くて、自分のニーズをよく聞いて、エネルギーの限界を尊重しているなら、あなたが七〇歳になるころには、たくさんのエネルギーに満たされて、きっと幸せな人生を送っていることでしょう。

私たちは、いくつかの領域で自分の限界を尊重する必要がありますが、特に、他者との関係において、限界を受け入れる必要があります。というのも、自分と他者との関係は、場合によっては、大きな否定的な感情の原因となりうるからです。

私自身の例を挙げると、私は家族のメンバーを、ＥＴＣの職員として何人か雇いました。彼らとの関係において、我慢すればことのできた場合でも、私は我慢することなく、自分の限界を尊重してきました。その結果、現在の私は、とても幸せなのです。

相手が夫であれ、娘、婿、子どもたちであれ、姉妹、甥であれ、彼らを他のスタッフとまったく同じように扱い、意見の違いは違いとして認めさせ、私は彼らの雇い主なのだということを、はっきりさせてきました。彼らがもし自分ですべてを決めたいなら、自分自身の会社を作ればいいだけのことだからです。

夫のジャックがETCで働き始めた時、彼は私を、きつい女だと感じたようでした。私は、思ったことをそのまま言うタイプの人間だったからです。私は、言うべきことははっきり言って、心に溜め込みませんでした。自分の限界を超えて、感情的になるのが嫌だったのです。

ジャックは、私も彼のように振る舞う——つまり、できるだけ人を傷つけないようにする——ことを望んでいたはずです。彼は、私のやり方に慣れるのに、ものすごい努力をしていました。そして、ある日、君のようにやったほうがいいと、私に告白したのでした。

彼は、相手が受け入れたくないことを相手に伝えようとする時、罪悪感を抱くタイプの人でした。私はどうかと言えば、私が誰かに何かをはっきり言って、その人が不快になる時は、その人のエゴが活性化している時なので、それは自分とはまったく関係がないと見なしていたのです。ただし、同時に、私の側にも相手を受け入れる気持ちが欠けているということも自覚していました。

他者との関係は、自分との関係とまったく同じです。したがって、自分の限界を尊重しない人は、他者の限界も尊重しません。社長が従業員にあまりにも多大な要求をする時、従業員たちは自分が尊重されていないと感じるものです。私がまさに、そんな社長であり、数年間、その状態は続きました。

先に述べたように、ローレンシャンの研修センターを閉鎖しなければならなくなった——それが私の要求を満たさなくなった——時、私はただちに行動に移しました。というのも、借金が限界に達していたからです。もし、私が自分の限界を認めていなかったら、私は決してその作業を終わらせることができなかったでしょう。従業員たちを率い、研修を行ない、本をたくさん書きながら、新しい場所にスクールを創設することなど、とうていできなかっただろうと思うのです。

最も重要なのは、〈受け入れる〉ことです。私たちが地上にいるのは、限界を持つことを、自分に許すのを、学ぶためなのです。どんな人でも、肉体的、感情的、精神的な限界を持っています。それぞれの人によって、それらの限界の度合いが違うだけなのです。

私たちの限界は、家の壁にたとえることができるでしょう。私たちがそれらを受け入れた時、面白いことが起こります。壁が後退して、私たちの空間がより大きくなるのです。

私が限界を受け入れた時、だいぶ年を取っていたにもかかわらず、それまでの生活リズムを保って生きられる、ということを発見して、とても嬉しくなりました。年を取るにしたがって私たちはいろいろな能力を失う、という通説をくつがえすのは、本当に痛快なものです。

私はずっと忙しく生きてきましたが、時とともに、どのように活動するかは変えてきました。たとえば、ちょっと前からは旅行の回数を減らし、自宅からオンライン・セミナーをインターネット経由で配信するようになっています。いずれにしても、「ワオ！」と思える活動をするだけです。

信頼と誇り

本書ではここまで、私に多くのワークを課した領域と、思い込みを変えさせた領域に関して、たくさんのことを語ってきました。それらを体験したおかげで私は、同い年の大多数の人たちとは違った生き方ができていると思っています。

私の母は深い信仰を持っており、自分のさまざまな能力を信頼しており、しかも人生全般を信じていました。物事を常に肯定的に考え、いろいろと挑戦するのが大好きでした。いつも多くの計画を抱えており、それが彼女の〈感情体〉をしっかり養っていました。両親は、人生のそれぞれの時期において、三つの異なるレストランを経営していました。母が最後に経営したのは、婦人と子どものための洋服を扱うお店でした。

父に関して言えば、自分が知識と才能を持つ領域以外に関しては、あまり自信を持っていませんでした。でも、とても勇気があったと思います。なぜなら、恐れがあったにもかかわらず、母が提案することをいつも受け入れていたからです。母は、不測の事態が起こった時も、父の勇気をくじかないように、それらについては父に黙っていました。母は、我が家の家計とお店の財務をすべて一人で仕切っていましたが、お金が足りない時でも、決してそれを父に言いませんでした。母は本当に気骨のある女性だったと思います。

私は、〈勇気〉と〈自信〉を混同すべきではないと思っています。勇気とは、恐れを持ちながらも前進すること。勇気とは、自分が何を望んでいるかを知っている人、たとえそれがストレスや恐れを引き起こすとしても、何がなんでも目標を達成しようとする人が発揮するものです。

一方、自信とは、自分の望むことを達成するのに必要なものをすべて持っていると思うこと、それがうまくいくかどうかの保証はないけれども、結果について疑いを持たないということでしょう。

母は、自信を持つことに関して、とても良いお手本になったと思います。彼女は、年を取ったら、冬のあいだは父と一緒にフロリダで過ごすと決めていました。一九七〇年代のケベックでは、お金持ちだけがそうできると思われていました。家族のメンバーは、「お母さんたら、またバラ色の夢を見て！」と言って、彼女の言うことをまったく信じませんでした。

ところが！　その願いが実現したのです。あとで教えてくれたのですが、母は、そのために毎週末、お金を少しずつ貯めていたそうです。

ある日、彼女は、大型のキャンピング・カーを安く手に入れ、ついに行動に移しました。このキャンピング・カーに乗って、自分と一緒にフロリダに行くように、母が父を説得するのは本当に大変でした！ というのも、父はその夢をまったく信じていなかったからです。それ以来、両親は、冬になると必ずフロリダに行っています。少なくとも、もう、二〇回は行っているはずです。

それぞれ違う遺伝子を持ち、反対の信念を持つ両親のもとで育つことは、よくあることでしょう。もし、あなたもそうであるなら、あなたの一部があることを望み、別の一部がそれに反対することが、しばしば起こるはずです。その結果、あなたは確信が持てなくなり、疑いにさらされるでしょう。

あなたがそういう状況を経験しているとしたら、そのようなやり方であなたをひどく動揺させようとする、エゴの策略に乗ってはいけません。でないと、あなたは行動することができなくなるからです。そんな時にこそ私たちは、自分が本当に望むことを意識化することができるのです。最も大事なのは、恐れに支配されていない自分の一部の声を聞くことなのです。

私は、仕事において父のようになることを、ずっと拒絶してきました。なぜなら、何かを決定できない時、またはエゴの恐れに支配される時、私は自分を受け入れることができなかったからです。その結果、私は人生において非常に高くつく決意を、いくつかすることになりました。つまり、父のようにならないために、そうした決意を無理やりしてしまったからです。みんなが私を、勇気にあふれた猪突猛進型の女性だと言いますが、私はまだ、本当の〈自信〉を持てずにいるのです。

時とともに、この、自信を持つことが私の人生計画の一部をなしているということが分かりました。ETCでの最初の数年間の経験によって、私はそれを意識化することができました。ある日私は、自信を得るには、「執着を手放す」ことが必要であると知りました。それは、私の人生における、最も重要な勝利のうちの一つでした。結果にこだわらないことが執着を手放すことなのだ、と理解した時、それは私にとって一種の「啓示」でした。「執着を手放す」とは、期待していた結果が得られなくても、幸せで、穏やかで、晴れやかな状態を保てる、ということです。

人生において、それを実践するのは、私にとって非常に難しいことでした。私がようやくそれを実践できたのは、セールスの仕事をしている時でした。この領域では、常に〈結果〉によって動機づけられます。私には常に売り上げノルマがあり、私はそれを必ず達成していました。しかし、そのために、どれだけ大きな犠牲を払ったことでしょう！

私は、絶えず、達成できなかったらどうしよう、という恐れを感じていました。そして、執着を手放す代わりに、それをコントロールしようとしていたのです。一方で、とても高い収入を得ていたので、お金の面で自分が問題を抱えているということを、意識化できませんでした。

実際に執着を手放すことができた時、それまでどれほど自分自身に対して厳しく要求していたか、ということが分かりました。自分のニーズを聞くことを、すっかり忘れていたのです。それが分かったのは、何よりも大切なことでした。

ＥＴＣのスクールを創設した時、私は、この自己啓発の領域において、なすべきことがたくさんあることを理解しました。それらの目標に到達すれば、私は、幸せで豊かになれると思っていました。しかし、現実は違っており、私は深刻なお金の問題を抱え込んだのです。

財政面での問題に直面した時、私はパニックにおちいり、眠れなくなりました。恐れとストレスがますます私の人生を支配するようになったのです。私は一度決めたらやり通す人間なので、すべてを失うかもしれないと思いながらも、望みをはっきりと思い描き、それを実現するために突き進みました。その結果、ストレスを管理することが可能となったのです。

最終的に分かったのは、恐れに支配される代わりに恐れに直面すれば、それだけ解決法を思いつくことができる、ということでした。自分が恐れを持っているのは知っていましたが、〈恐れ〉よりも〈望み〉の方が強い限り、私は目標を達成することができる、ということが、心の底から分かったのです。

財政面において自分の考え方を変えるのに、数年がかかりました。しかし、執着を手放すことが可能になると、だんだんと自信が大きくなり、私はやがて借金を返すことができたのです。

現在、私は、〈宇宙〉に全幅の信頼を置いています。私の計画ではない方向に宇宙が私を導くのは、その方が私にとっては良いからだ、と思えるようになっています。おかげで、結果に基づいて罪悪感を持ったり、自分を批判したり、自分の価値をおとしめたりすることがなくなりました。一方で、めざしていた目標を達成しても、以前より謙虚でいられるようになったのです。

執着を手放すことによって、自分がしたことも、実は自分がしたのではない、ということが分かったのは、本当に大きな恵みでした。

最初の本を書いた時、深く自分を信じたのですが、この時の自信は、その後、人生を生きていく途中で、何度も何度も思い返すことになりました。

まだ本を書く前のことですが、ＥＴＣの研修を受けに来た人たちが、この教えの内容を本に書いてほしいと、強く勧めてくれるようになっていました。でも私は、自分を「作家」だとは思っていなかったので、しばらくのあいだ、本を書くのをためらっていました。

ある日、ラジオ局でインタビューを受けた時、司会者が、本を書くなら絶対に自分の出版社を作った方がいい、自分は他の出版社から本を出して、とても嫌な経験をしたから、と言いました。私は、本を書くなんて彼に一言も言っていませんでした。私は、彼のその言葉を、「本を書きなさい」という〈宇宙〉からのサインであると受けとめました。

そこで私は、どうすれば出版社を作ることができるのかを調べた上で、ＥＴＣ出版を作り、そこから自分の書いた本を出すことにしたのです。そのために、当時私が持っていた、わずかなお金をあてました。

いよいよ本を印刷する段階になって、私は印刷屋さんに、初版を一万部刷ってほしいと言いました。彼は、私の言っていることがまるで信じられず、私に二回、それを確認しました。それから、「あなたはまったく現実を知らない。最初の本を出す時は、普通、最高でも三〇〇部しか刷らないのですよ」と言いました。でも私は、絶対的な確信を持っていたので、初版の部数に関して一歩も譲りませんでした。その本が必ず売れるはずだと固く信じていたのです。

すると、彼は前金として一〇〇〇ドル要求してきました。しかし私は、そのお金を持っていませんでした。そこで、それに続く数週間のあいだ、私は、研修やワークショップの参加者に、私の最初の本を買いたいなら、ぜひ前金で払ってほしいと言って回りました。さらに、その見返りとして、本に、個人あての献辞を必ず書きます、と言いました。本の値段は一五ドルでした。こうして、私は初版を印刷するのに必要なお金を調達することができたのです。当時の私は、本が五千部売れたら大成功の部類に入るということを知りませんでした。

この経験をした時、私はエネルギーにあふれていました。というのも、ストレスと恐れを持つ代わりに、興奮して喜びにあふれていたからです。この経験は本当に素晴らしいものでした。その時の私の自信が、一九八七年の一年間だけで一万部を完売する原因になったのだと思います。その翌年の一九八八年に、先述したローレンシャンの大きな研修センターを閉鎖する時も、私は自信を持ち続けていました。この時は借金が四〇万ドルもあったにもかかわらず、です。

その時、私たちに起こることは、私たちが最も必要としていることである、ということが、本当に分かったのです。それこそが〈自信〉でなくて、なんでしょう！ **私たちは、常に、自分の人生を創っている**のです。エゴから自由になれば、自分のまわりには、いとも簡単に管理できる状況しか出現しなくなります。

ローレンシャンの研修センターを閉鎖した時は、どうやって借金を払えばいいか分かりませんでした。でも、たとえ一〇年かかったとしても、必ず払えるという確信がありました。税理士は破産申告をすべきだと主張しましたが、私の計画を信頼してお金を貸してくれた人たちにお金を返さない、ということは、とうてい考えられませんでした。私には、三三人の出資者がいたのです！　特に、老後に備えて貯めてあった三〇〇〇ドルを私に貸してくれた老婦人のことが忘れられませんでした。

でも、〈宇宙〉は私に素晴らしいサプライズを用意してくれていたのです。私の最初の本の「印税」です。どんどん入って来る印税から、出資者たちに、金額に応じて、四カ月ごとに返金することにしたのです。最初はこのやり方に反対していた人たちも、やがて全員がそれを受け入れてくれました。彼らは、私が破産の道を選ばなかったことを評価してくれたのです。

この時点で、〈宇宙〉はうまくやってくれているということが分かっていました。実際に、借金を返済する手段が見つかったからです。小切手を作る際、私は、それを受け取る人の喜ぶ顔をありありと思い浮かべました。小切手を受け取るたびに、その金額が彼らを驚かせます。それは、私を信頼してくれたことに対するお返しでした。本がどんどん売れたので、小切手の金額もますます多くなっていきました。

印税を貯金することができず、もう所有してもいない研修センターの借金を払うことにあてていたにもかかわらず、私は怒りに駆られることなく、喜びに満たされていました。というのも、投資してくれた人たちにお金を返すことができたからです。この時、〈宇宙〉が常に私の面倒を見てくれていること、そして、いかなる時も〈宇宙〉を信頼して良いということが分かりました。私を知っている人たちは、私がものすごく〈宇宙〉に感謝していることを知っています。〈宇宙〉は常に、私のニーズを満たしてくれるのです。

その時以来、誰かに支払いをする際に、私は必ず感謝することにしています。税金を払う際には、それがなかなかできなかったのですが、今ではできるようになりました。この感謝がさらなる豊かさを生み出すのです。

〈信頼〉は誰にでも可能です。それは、私たちの〈内なる力〉とつながろうと決意することなのです。誰もが、この〈力〉を持って生まれています。私たちは、全員が、創造主である〈神〉なのです。「私は神！　ワオ！」

多くの人が、年を取るに従い、不安を持ち始めます。つまり、魂が望んでいるのとは反対のことをするわけですが、これはとても残念なことです。なぜなら、そういう人たちは、また地上に生まれ変わってきて、同じ学びを繰り返さなければならないからです。私たちは、全員が、同じ目的で地上に生まれてきます。それは、自分が神であり、素晴らしい創造力を持っているのを思い出すことなのです。

さあ、あなたはどうしますか？　執着を手放して自信と信頼を持てるのは他の人たちだけで、自分はそうでない、と信じ続けますか？　それとも、自分にもそれは「今から」可能だと考えますか？

とはいえ、信頼ができたからといって、問題がたちどころに消えるわけではありません。ただ、それらの問題が重大なものではなくなり、どうすればそれを管理できるかが分かるようになるということなのです。そして、ふたたび自分のやりたいことに戻ってこられるのです。

信頼を育《はぐく》むには、自分が何を望むのかをはっきりさせ、それが良いものなのか分からなくても、とにかくそれを得るために行動を起こすということです。常に目的を思い浮かべていれば、何が起こっても大丈夫。目的をはっきり思い浮かべて、それが実現した時の喜びを感じていれば、実現がどんどん早くなっていくでしょう。

なんらかの障害が現われた時には、その実現が難しくなると考えるのではなく、静かに深呼吸をして解決法を探ればいいだけです。もし、その解決法が、望む結果を引き起こさなかったら、その時点で、また別の解決法を探せばいいのです。それが、望むこととつながり続けるということです。

さらに、〈宇宙〉が、時に、知らない道に私たちを連れていくということも、知っておいた方がいいでしょう。ですから、宇宙をいつも信頼し、宇宙がいつも私たちのために最高のことをなしとげてくれると考えることです。

また、自分に誇りを持つことも大切です。もっとお金があれば、もっと才能があれば、自分に誇りを持つのだが、という人は多いものです。しかし、幸福は決して外側からはやってきません。たとえ困難を体験したとしても、それでも誇りを持ち続けることが大事なのです。そうしない限り、誇りを持てるような状況を引き寄せることは金輪際できません。

毎日、自分が誇りを感じられるような対象を見つけましょう。もしあなたが自分に厳しく、完璧主義者だとしたら、何か特別なことをやった時でなくては誇りなんて持てない、と思うかもしれません。でも、そんな思いを持ち続けることは、何の役にも立たないのです。

誇りを持っているから、誇りを感じられる状況を引き寄せるのだ、ということを、もう一度確認しておきましょう。誇りを持っていない人が、誇りを感じられる状況を引き寄せるということは、金輪際ありえないのです。

私にしても、ずっと自分に誇りを持っていたわけではありません。私は自分に多くを要求する人間なので、しばしば自分に失望してきたのです。たとえ成功したとしても、そこに何らかの批判すべき点を見つけてしまいます。でも、自分の厳しく要求がましい面に関してワークを重ねることで、私はだんだんと、自分に誇りを持てるようになりました。

では、「誇り」とはいったい何なのでしょうか? 誇りとは、自己評価を高める、あらゆることを指します。さまざまな領域において、自分の価値を意識させるもののことです。

また、誇りとは、私たちが自分に対して持つ精神の安定と愛の本質的な部分のことです。ただ、もしあなたが、自分に誇りを感じたいために他者をおとしめたとしたら、あなたはむしろ、傲慢であると言うべきでしょう。

では、傲慢な人の例を挙げてみましょう。ある若い女性が妹に向かって、「一年間お金を貯めて、素敵な車を買ったの。節約できた自分を誇りに思うわ」と言った場合、彼女は誇りを持っていると言えるでしょう。一方で、彼女がこう付け加えたとします。「あなたも、タバコをやめさえすれば、車が買えるのにね」

この場合、この女性は傲慢になっています。なぜなら、相手をおとしめているからです。傲慢さは、良好な人間関係を妨げる最も大きな障害になると言えるでしょう。ほとんどの人は、傲慢な人を敬遠するからです。

私たちが真の意味で自分を誇りに思う時、他の人たちはそういう人を見て、嬉しく感じるはずです。私たちの成功によって、彼らがおとしめられたと感じることはありません。私たちが自分に誇りを持てば持つほど、他の人たちから多くの誉め言葉を受け取ることになるでしょう。

自分に誇りを感じるたびに、あなたのエネルギーは高まるでしょう。エネルギー不足になった時は、ぜひこのことを思い出してください。きっと良い結果を生むはずです。

生きる喜び

〈生きる喜び〉は、肉体、感情、そして精神の健康にとって非常に大切です。それは、生きる幸福感、つまり生命力があふれ出る感覚です。旅行をすると、多くの人を見ることになりますが、私は、彼らを観察するのが大好きです。特に、生きる喜びを発散している人を見つけると、ずっと見ていたくなります。彼らはまるで磁石のように、人の視線を引きつけます。

ワークショップを開催する時、私はいつも新しい参加者に注意を払います。彼女たちのほとんどは、喜びをあまり発散していません。すでに何回かワークショップに参加した人たちとは、まったく雰囲気が違うのです。

一方、リピーターの人たちは、いかにも幸福そうに見えます。そういう人たちは、本当に自然に喜びを表現しています。喜びというのは、他のあらゆる感情と同じく、私たちの外側からでなく、内側からやってきます。それらが表現されるには、まず、私たちの内側にそれがなければなりません。

私たちが喜びに満ちている時は、早く今日という一日を始めたくて仕方がありません。喜びは本当に多くのエネルギーを私たちに与えてくれます。ですから私は、どうして人々はもっと頻繁に喜びの中で生きないのか、不思議で仕方ありません。私の場合、日常生活において、なるべくたくさんの喜びを感じることができるように工夫しています。

私の両親は非常によく働く人たちでしたが、一方で、いつも楽しむ時間を確保していました。しょっちゅうトランプをしたり、ダンスをしたり、家族みんなで音楽を演奏したりしました。仕事をしてない時は、心身をゆったりと休めることで、人生のバランスを取っていたのです。

人々に、ダンスに行ったり、家族や友人たちとパーティを開いたりするのが好きかどうかを聞くと、ほとんどの人が、「イエス」と答えます。ですから、そういう活動は本当に大切なのです。では、あなたはどうでしょうか？　あなたが最近そんな活動をしたのはいつでしたか？　そういう活動もまた、私たちにエネルギーを与えてくれるのです。

私は、しょっちゅう家でパーティをしたり、家族や友人たちと外出したりします。それが私に多くの喜びを与えてくれるからです。私が家に呼んだ人が、次は私を家に呼んでくれたりすると、私は大喜びで出かけてゆきます。どんなに忙しくても私は、一週間のあいだに楽しい時間を何度か持つようにしています。

ただし、喜びと快楽は区別すべきでしょう。喜びの反対が悲しみであるのに対し、快楽の反対は苦痛です。快楽がある方が喜びを感じやすいのは事実ですが、たとえ苦しい状況にあったとしても、生きる喜びを感じることはできます。逆境の中でも、将来の計画を立てたり、目標を達成しようと努力したりすることは可能なのです。

さらに、喜びと満足も区別すべきでしょう。仕事を終えれば満足を感じますが、それが必ずしも喜びと幸せをもたらすとは限りません。満足は精神で感じますが、喜びはハートからやって来るのです。満足は、仕事を「終えて」から感じますが、喜びは、仕事の「最中に」感じるものです。

喜びを感じるには人生から障害が消えなくてはならない、と考えているとしたら、あなたの人生は退屈なものとなるでしょう。人生では、誰でも、必ず障害に遭遇するからです。さらに言うと、大きな喜びを感じていれば、障害を乗り越えるのが、より簡単になるのです。

生きる喜びを感じていない人たちは、美しく老いることができません。彼らは、攻撃的で怒りやすく、辛辣《しんらつ》で人を傷つけます。また、自分に関心を持ってくれる人に対してさえ、意地悪をするかもしれません。

九〇歳を過ぎてもなお矍鑠《かくしゃく》としている人たちは、適度な運動をしたり、なんらかの活動に参加したりして、それを楽しんでいますが、その結果、彼らは大きな生きる喜びを感じているのです。

あなたがいつも生きる喜びを感じていたいなら、次のようなことをすると良いでしょう。

- 毎日、少なくとも一つ、人生からの贈りものを見つけましょう。
- 醜いものではなく、美しいものに注目しましょう。
- いつも一つないしは二つの、到達すべき目標を持ちましょう。
- 一緒にいても喜びが感じられない人たちには会わないようにしましょう。そうしていれば、一緒にいて喜びの感じられる人たちに出会うはずです。
- 小さな子どもを見習いましょう。彼らは、生きる喜びの最高の体現者なのです。
- 他人の幸せを見て、幸せを感じるようにしましょう。彼らに嫉妬するのではなく、どうすればそうなれるのかを聞いてみましょう。

この章を終えるにあたり、今から四〇年前に出会った、ある一人の男性について語っておきたいと思います。

当時、彼は五五歳くらいでした。あまりにも強烈な印象を私に与えたので、私はいまだに彼のことを忘れることができません。彼のことを考え、その人生を思い返すたびに、私は喜びと幸せを感じるのです。そして、私の自己信頼は回復し、信じる力がさらに強くなるのです。

彼は、アメリカ合衆国で最も多くトラックを保有する会社を経営していました。ある時、彼が、カナダのモントリオールに立ち寄り、ある祝いごとのために、数人の人を招待しました。そこに、当時の私の夫（最初の夫）が呼ばれており、私は彼に同伴したのです。

食前酒を飲んでいる時、私は、彼が発散している雰囲気にすっかり魅了されてしまいました。もちろん、彼の肉体的な側面に惹《ひ》かれたわけではありません。それを超えた領域に惹かれたのです。

ちなみに、他の人たちがスーツ姿であるのに対して、彼は、ジーンズにテンガロンハット、ブーツという出で立ちでした。つまり、カウボーイの格好をしていたのです。最初の場所は豪華なホテル、次に行ったのは、きらびやかなレストランだったのですが、彼はそんなことにはいっさい無頓着でした。

レストランで、私は偶然、彼の隣に座りました。でも、本当は偶然なんかではありませんでした。私がそれを強烈に望んでいたのですから。私は人に質問をするのが大好きなので、どうしてそんな大きな企業を創立し、しかも大成功を収めているのか、と聞きました。

以下に、その時に彼が話してくれたことを紹介しましょう。彼が語った言葉そのままではないかもしれませんが、本質的な部分はしっかり伝わると思います。

第二次世界大戦に兵士として参加し、終戦とともに家に帰った時、私には、お金も仕事もありませんでした。ある日、田舎道を歩いていた時、車道に近いところに設置された、みすぼらしい郵便受けに気がつきました。その時、あるアイディアがひらめいたのです。五ドルで（それは当時、かなり高い値段でした）郵便受けを銀色に塗り、上部に黒のきれいな字体で彼らの名前を書く、というものでした。

これが大当たりして、私はお金を貯め始めました。ある日、郵便受けに色を塗っていると、ほとんどの家の屋根が傷んでおり、修理を必要としているということに気づきました。そこで私は、屋根の修理も申し出ました。これも大当たりしたのです。仕事の手助けが必要だったので、トラックを数台、購入しました。もう、一人では仕事をさばけなくなっていたのです。次に、土のままだった家までの小道を、アスファルトで舗装したらどうかと提案しました。これもほとんどの人が賛同したので、私はアスファルト舗装に必要なトラックを購入する必要がありました。

要するに、以上が、私の人生です。新しい事業に立ち向かう時、私はまったく心配しませんでした。「大丈夫！　大丈夫！」と自分に向かって繰り返したものです。なぜなら、どんなことが起こったとしても、いつだって塗装を待っている郵便受けがあるからです。

この最後の言葉がものすごく気に入ったので、ETCを立ち上げて以来、苦境におちいるたびに、似た内容の言葉を自分に言い聞かせたものです。たとえば、財政難におちいっている私に対して、いったいどうするつもりですかと聞いてくる人に、私は次のように答えました。

「これからどんなことが起こるか分かりませんが、まったく心配していません。なぜなら、仮にこのスクールが立ち行かなくなったとしても、またセールスの仕事に戻ればいいのですから。何かを販売する仕事は、決してなくなることがありません」

第七章　みずからの老いを受け入れる

もし、あなたが五〇歳以上だとしたら、この章はあなたに向けて書かれていると考えてください。もし、あなたがもっと若いのなら、この章は、あなたが肉体的、感情的、精神的に、老いを最小限に抑えながら年を取るのに、必ず役立つでしょう。本書の中で私は、老化を遅らせるための方法を、たくさん紹介しました。その一覧表が、巻末についています。

さて、この章のタイトルを見た時、何を感じ、どんなことを考えましたか？　やっぱり老いることを受け入れなければならないのか、と考えて、がっかりしたでしょうか？　あるいは、現実を受け入れると、もっと急速に老いることになるのでは、と考えたでしょうか？

私が〈受け入れる〉という言葉を選んだのは、その意味ゆえになのです。まず、〈受け入れる〉というのは、次の意味ではないことを明らかにしておきましょう。

「あきらめる／同意する／理解する／引き受ける」〈受け入れる〉が以上の意味だと思ったとしたら、それは、記憶から作られているエゴがそう判断したのです。実際は、受け入れることは、私たちのハートのニーズに基づいているのであって、私たちのマインドが学んだことに基づいているのではありません。受け入れるとは、あなたがそれに同意しなくても、あるいは理解できなくても、何かまたは誰かに「イエス」と言うことなのです。

私たちがハートのニーズを聞く時、私たちの心臓は最高に調子が良くなります。それは素晴らしいことではないでしょうか。心臓のトラブルを抱えている人たちの多くが、実は、ハートの声を聞かずに、エゴの声を聞いているのです。彼らが、〈受け入れる〉こと、あるいは〈無条件の愛〉を実践すれば、ハートのニーズを聞くことになり、心臓に負担をかけなくなるでしょう。〈受け入れる〉とは、ある状況が生じた時に、なぜそれが生じたかが分かるはずだと確信して、その状況を冷静に観察することです。それが分かるのは、私たちがエゴではなく、〈真の知性〉を使った時です。

受け入れるとは、あきらめることではありません。あきらめた人は、心が安らかになりません。あきらめるとは、投げ出すこと、我慢すること、服従すること、降参することを意味します。こうした態度は、それを意識するかどうかは別として、その人に否定的な感情を経験させるでしょう。何かをあきらめた時、私たちはフラストレーションにさらされます。恨みや憎しみを感じることさえあるかもしれません。あきらめることによって私たちは、自分を拒絶することすらあり、それは、他者を恨む以上の苦しみを生み出すでしょう。

受け入れることと同意することは違う、ということも、すでに述べました。私は、年を取ることに幸せを感じている人に出会ったことがありません。これは、誰も、年を取ることに同意していないということです。では、どうすればそれを受け入れることができるのでしょうか？　それが避けられないということを知ればいいのです。

あなたが困難な状況にある時は、何か変えられることがあるかどうかを自問してみましょう。もし何もなければ、それを受け入れてください。逆に、もし何かできることがあるなら、時間を取って、その状況を変えるためにできることを書き出してみましょう。それがどんな効果を生むかは、すでに何回か指摘してきました。

私たちの細胞は、再生する能力を持っています。しかし、細胞が常に健康であるとは限りません。というのも、私たちは恐れの声、つまりエゴの声を聞くからです。細胞は、その時々の私たちの心境に応じて再生するのです。

自己を統御して心境を変えよう、と決意するのに遅すぎることは決してありません。もし習慣や行動を変えても、恐れを持ち続けたり、罪悪感を抱き続けたりするのであれば、あなたは〈在る〉レベルにおいて、何も変えていないことになるでしょう。本当の変化をもたらすには、あなたは、ハートの声を聞き、愛の中に生き、自分を受け入れ、他者を受け入れなければなりません。

老いるのを避けるということはできないのですから、定期的に運動などを行なって、できるだけ若さを保つようにするとよいでしょう。現在では、年を取っている人たちのために、老化を避けるためのさまざまな活動が提供されています。これは、以前にはなかったことです。

また、何かを新しく学ぶのも良いでしょう。若い時よりも時間がかかるし、難しく感じるかもしれませんが、それを挑戦と見なし、自分のためなのだから、と考えれば、きっとうまくゆくはずです。

到達すべき目標をいくつか設定すれば、日々は、より快適になるでしょう。もし、その挑戦が「ワオ!」と思えなくなったら、ためらわずに次のことに挑戦すればいいだけです。大切なのは、あなたの精神をより若く保つことであり、そのために、精神に次々と新しい課題を与えることなのです。

年を取ることを受け入れるとは、自分に限界が増えることを許すということでもあります。私たちの体はだんだん衰えてきますし、以前のような力を持ち続けることはできません。記憶力も衰えます。生まれて以来ずっと蓄えてきた記憶が一杯になるので、それ以上、何かを覚えるのが大変になるからです。ある言葉を思い出すのに時間がかかったり、人の名前を忘れたりするのは仕方がないことなので、それを自分に許しましょう。

自分を受け入れるとは、この地球上に生きているあらゆる存在が老い衰え、ついには、ある日死ぬ、という事実を思い出して、その現実を受け入れることでもあります。困難な状況に直面しても、そこで何を実行するかは、あなた次第なのです。たとえば、以前のように重いものを持ち上げることができないかもしれません。その場合には、エクササイズをして筋力をつけるか、あるいは、身近な人に助けを求めればいいでしょう。

私が日常的にエクササイズを行ない、なるべく頻繁に散歩をするのは、足の筋力の衰えを防ぐためです。私の場合は、散歩に行こうと思うと「ワオ！」と嬉しくなるので、ずっと続けているわけです。あなた自身が「ワオ！」と思えることをするのが大切だと思います。

私より年上の人たち（特に女性）が鏡を見て、自分の老いた顔を見るのがつらい、皺だらけだし、肌はくすんでいるし、などと言うのをよく聞きます。もしあなたもそうだったら、〈受け入れる〉ことと〈同意する〉ことは違うということを思い出してください。

いくつになっても生きる喜びにあふれている人を見たことがあるでしょう。あなたは、その人の衰えた肌を覚えていますか？　それとも、その人の生き生きとした様子を覚えていますか？　さて、どちらでしょうか？

覚えていてほしいのは、**あなたは、あなたの肉体ではない**ということです。あなたは、それ以上の存在なのです。肉体の外見にこだわるのではなく、心の状態を美しく整えることの方が、はるかに大切でしょう。あなたが魂の世界に帰った時、肉体はもはや存在しないのです。時が経つにつれて肉体が衰えることを受け入れれば、かえって肉体の老いは遅くなる、ということを断言しておきましょう。

〈感情体〉と〈精神体〉について言うなら、それらは肉体よりもずっと、若く保つことが可能です。そのことに関しては、この本の中でも、数多くの「道具」と考え方を示しておきました。これらの〈体〉のエネルギーを保存できれば、肉体の衰え方もゆっくりになります。

幸せになるには何をすればいいのか、毎日、必ず考えるようにしましょう。朝、目が覚めた時にそれを考えるのは、とても良い習慣です。

他の人があなたを幸福にしてくれるのを待つべきではありません。そうすることは、生きる喜びを失い、〈感情体〉と〈精神体〉を老いさせる、最も効果的なやり方なのですから。

どうすれば自分に喜びをもたらすことができるか分からないという人は、同い年の幸せそうな人たちをよく観察したり、楽しい映画を見たりするといいでしょう。そして、いいなと思ったことを、まねすればいいのです。自分にはもうできないとか、こんなことは自分に向かないとかいうのは、エゴの声ですから、きっぱりと拒否することです。

ＥＴＣが提供するワークショップや講演会に参加する人たちの中には、八〇歳以上の人たちもいます。彼らは、人生においてまだ多くのことを変えられるはずだ、と考えているのです。一方で、六〇歳になったばかりなのに、自分を変えることはもうできないと考える人たちもいます。あなたはどちらのタイプでしょうか？

自分にはもう無理だと考える人たちは、エゴに支配されているのです。私は、このようにして自分の人生を投げ出す人たちを見ると、いつもすごく悲しくなります。今回の人生において、さまざまな願望やニーズを表明して実現しないと、それをするために、また何度も地上に生まれ変わることになる、ということを、その人たちは知らないのでしょう。

あなたがもし、自然なエネルギーを受け取っていつまでも若くありたいと思うなら、はつらつとした精神の人たちと付き合うようにしてください。もし、ある友だちと一緒にいるとエネルギーや情熱を失うようであれば、そういう友だちとはきっぱり別れて、他の友だちを作りましょう。

この数カ月のあいだに、あなたは何回くらい、楽しい活動やお出かけをしましたか？　他の人たちが声をかけてくれるのを待っていたら、あなたはほんの少ししか、そうした活動をすることができないでしょう。私は先に、あらゆる活動を自分で企画して、毎週楽しんでいると述べました。この習慣は、私にとって、とても大切なものです。私は、いつも、三つか四つは、手帳に楽しい活動の予定を書き込んであり、それらは私に大きな喜びを与えてくれるのです。早くそうした活動をしたいとワクワクすることは、私にたくさんのエネルギーを与えてくれます。なぜなら、そのことによって、私の〈感情体〉が活性化するからです。私の手帳の楽しみ欄が空白になったことは、この五〇年間で一度もありません。

あなたが朝起きてエネルギーにあふれ、一日を始めるのが嬉しくて仕方ないなら、あなたの〈物質体〉〈感情体〉そして〈精神体〉は、とてもすこやかだと言えるでしょう。でも、だからといって、それらの三つの〈体〉を放っておいてはいけません。しっかり世話をしましょう。そうすればあなたは、いつまでも快適な人生を過ごすことができるはずです。

私には、八〇歳を越える義姉と、その連れ合いがいますが、彼らは、一五時になると、どんな悪天候でもカフェに行って、友人たちとの会話を楽しみます。それは、二人にたくさんの喜びを与えてくれる活動なのです。彼らは歩いてカフェまで行き、車に乗るのは寒い冬のあいだだけです。二人が常に元気だとは限りませんが、それでも二人はカフェに行きます。その結果が、努力に値するものであることを知っているからです。素晴らしいと思いませんか？　それをしたら楽しくなるだろうな、と思ったら、エゴの声はきっぱり無視することです。エゴは、必ず邪魔しようとするのですから。

エゴは、今回の人生、また過去世で獲得したあらゆる〈思い込み〉を、絶えずあなたに押しつけようとしますので、充分に警戒してください。あなたは、それらの〈思い込み〉を解除するために、今回、生まれてきたのです。古い思い込みに人生が支配されそうになったら、あなたの今回の人生計画を、しっかり思い出すようにしましょう。

エゴの狡猾な策略に乗らないようにしてください。たとえば、あなたは次のようなことを、自分に対して言っていませんか?

- 年を取るのは本当に嫌だ。あれもできなくなるし、これもできなくなるから。過去に戻って、あれこれ変えられたらいいのに。
- なんて時間が早く過ぎるのだろう。自分が老いたなんて信じたくない。
- 記憶力がだいぶ衰えてきた。ああ、いやだ、いやだ。年を取るのは本当につらい。
- いつもどこかが痛い。体が自由に動かない。どうして老いることは、こんなに苦しいんだろう?
- まわりの目を気にしてしまうので、自分の好きな洋服が着られなくなった。

これらの言葉が示しているのは、その人が老いることを受け入れていない、ということです。人生の新たな段階を拒否しているのです。〈いまここ〉を楽しまずに、過去に戻りたいと思ってばかりいるわけです。

あなたが先に示したような言葉を発しているとしたら、肉体は七年ごとに大きく変化する、ということを受け入れてください。以前のように力が出なくなり、美しくなくなり、頑健でなくなり、時には具合が悪くなったりするでしょう。でも、それをありのままに受け入れる必要があるのです。肉体の変化に気づいたら、それは誰もがたどる道なのだと思ってください。

肉体の変化を受け入れて、うまく管理することができれば、肉体があなたをわずらわせることは減るでしょう。たとえば、肉体の能力が衰えてきたら、いろいろなことができなくなったと嘆くのではなく、筋トレをするなどして体を鍛えればいいのです。記憶力に関しても同じでしょう。記憶力を保つ自然食品もあります。

何かを決める時は、心の状態に充分な注意を払いましょう。その決心は、あなたのハートから来ていますか？　それともあなたのエゴから来ているでしょうか？　まわりの人たちから影響されていませんか？

私は、歩くことが困難になった人たちを何人も知っています。彼らはもう何年間も苦しんでいるのです。一方で、足や膝、または腰の手術を受ければ症状が改善することも知っています。それにもかかわらず、彼らは手術を受けようとしません。彼らは何を恐れているのでしょうか？　なぜ、自分を罰するようなことを続けるのでしょうか？

こんにちでは、何百万人もの人たちが関節症を患《わずら》っています。しかも、発症年齢はどんどん若くなっているのです。私が教えに行ったあらゆる国で、そのことを聞きました。医者たちによれば、関節症は病気ではなく、老化に伴う体の変化でしかないということです。唯一の手立ては、痛み止めを使うことだというのです。しかし、それではさらに老化が進むだけでしょう。

私は、医者の言うことよりも、私がかかっている整骨医の言うことを受け入れています。「関節の障害を放っておいたために、骨が磨滅して年齢よりも早めに損耗した結果が、いわゆる関節症なのです」

これを、スピリチュアルな世界の観点から言えば、関節症とは、人間関係の障害を放っておいたために、感情が磨滅して年齢よりも早めに損傷した結果なのだと言えるでしょう。

こうした関節症についてどう考えるかを、私はよく聞かれます。私の考えでは、怒りや罪悪感、すなわち、愛によって解決されなかった問題の蓄積が、体内に「酸」を生み出し、それが原因となって関節症を生むということです。とはいえ、関節症を生んだと考えられるすべての状況を思い出すことは難しいので、関節症で苦しんでいる人には、まず肉体面での手当てを勧めます。それから、時間をかけて、肉体を超えた原因を探り、それを意識化するようにアドバイスします。

さらに、糖質、コーラ、肉などを、さらに可能なら、グルテン（小麦）、乳製品などを、三カ月のあいだ避けるように勧めます。つまり、「酸性」の食品ではなく、「アルカリ性」の食品を多くとるようにするのです。さらに大事なのは、水をたくさん飲むことです。

しかし、そう言われた人たちの大部分が、そんなことは、とうていできないと考えるようです。そして、習慣を変えようとせずに苦しみ続けるわけです。

一方で、私の忠告を実践して一〇歳以上も若返った人たちがいます。中には、朝起きても全然つらくないので、かえって戸惑っている、という人たちさえいるほどです。彼らは、年月を重ねるあいだに体がどれほどエネルギーを失っていたかに気づいたのです。

さらに、高血圧という問題があります。しかも、最近では、発症する年齢がますます若くなってきているのです。「こんなにあわただしい生活を送っているのだから、高血圧の人が増えるのは当然である」という人もいます。私は、当然ではあるけれども、決して「自然」な状態ではない、と考えます。というのも、やり方によっては、かなり簡単に解決するからです。以下の方法で高血圧を解決した人を、私はたくさん知っています。

私は、長いあいだ、活動的な、波乱に富んだ、解決すべき問題の多い人生を過ごしてきました。それでも、医者が「正常」と見なす数値を下回る血圧を維持してきたのです。何らかの理由で——たとえば旅行に出る時——私の血圧を測定した医者たちは、一様に驚いた表情を見せます。というのも、彼らは私が常にストレスに満ちた生活をしていることを知っているからです。数値を見て医者はこう言います。「とてもいいですね。なぜなら、あなたの心臓は疲れておらず、とても良く機能しているからです」

したがって、血圧を上げるのは、ストレスでも、長時間の仕事でも、さまざまな心配ごとでもないことが分かります。問題は、それらに直面した時の心のあり方なのです。

私は、ストレスを、それを解決して私が幸せになるためのきっかけととらえ、常に自分の幸福を優先させます。それに対して、高血圧になっている人たちを観察すると、自分の幸福よりも他人の幸福を優先させていることが分かります。彼らは、自分のニーズを自分で満たすよりも、他者から愛されることの方を望んでいるのです。

年を取ってからも、肉体的、感情的、精神的な能力を可能な限り保ちながら元気に生きたいと考えているなら、いますぐそうすると決めてください。あなたの人生の質を高める方法を教えてくれる人がいたら、注意深く話を聞き、その方法があなたに合うかどうか、実践して試してみましょう。新しい機会に心を開くとは、そういうことなのです。

もしかすると、それはあなたの望むことをもたらさないかもしれません。しかし、少なくともあなたは自分自身で決定したのであり、エゴの支配を振り切ったのです。さらに、それがたとえあなたのためにならなかったとしても、〈宇宙〉があなたのために用意しているはずの他の方法に対して、常に心を開いておきましょう。

「どうすればあなたのように元気でいられるのか、どうかその秘密を教えてください」と言われるたびに私は、「ETCで教えている内容を実践するだけでいいのです。そうすれば、あなたの人生に数々の良い結果がもたらされますよ」と答えることにしています。しかし残念なことに、それを聞いても、聞いた通りにしない人たちがいます。教えを素直に実践に移さないのです。彼らは、新しいことに心を開けるほど、自分を充分に愛していないのでしょう。

ここで、人間関係に関して絶えず不平不満を漏らしている、ある女性について語ることにしましょう。彼女は、私が身近な人たちとのあいだに人間関係の問題を抱えていないことを「幸運」だと言います。そこで私は、どうして私がそうなのか、教えてあげましょうか、と言いました。

彼女が「もちろんです」と答えたので、私は《鏡の技法》について説明しました。しかし彼女の反応を見て、彼女がそれをまったく信じず、実践するつもりもないことが分かりました。この技法が、リズのためには役立つけれども、自分には役立たない、と考えたのです。

彼女は、エゴに由来する数多くの言い訳を考え出して、《鏡の技法》を使おうとしませんでした。

エゴは、人間関係がまずいのは、相手が悪いからだと考えます。エゴが私たちに及ぼす影響力は、本当にすさまじいものです。決して新しい方法を試してみようとせず、相手を悪者に仕立て上げる理由を、山ほど考え出すのです。

他の人たちの態度は常に私たちの心のあり方に原因がある、と考えて責任を引き受けることは、エゴには絶対にできません。エゴによれば、責任は常に他者にあり、他者が変われば私たちの人生は快適になる、というわけなのです。

嫁や婿との関係がうまくいかず、そのせいで孫たちと楽しく過ごす機会がない、とボヤく人たちがたくさんいます。何度かＥＴＣのワークショップに出たり、私の本を数冊読んだりした人の中にも、そんな人がいるのです。そこで彼らに、《鏡の技法》を実践してみたかどうかを尋ねるのですが、答えはいつも「ノー」です。むしろ、私がそんな質問をしたことに驚いた顔をします。エゴの影響があまりにも強いので、彼らは《鏡の技法》を実践してみようとさえ思わなかったのです。これはまったく残念なことです。なぜなら、《鏡の技法》を実践した何千人もの人たちが、その驚くべき成果を手にしているからです。

もし、あなたが、長いあいだ深刻な人間関係の問題に苦しんでいるとしたら、それは過去世から来ている可能性があるでしょう。すでに述べたように、それを今回の人生で解決しないならば、あなたは未来の転生の際に、またその問題に直面することになるでしょう。ある子どもが、しっかり勉強しないために、同じ学年を三回も四回も繰り返しているのを思い描いてみてください。やがて、その子は誰からも相手にされなくなるのではないでしょうか?

魂のニーズに従わない時、私たちも実は同じことをしているのです。しかも、自分のニーズを聞かない人たちは、美しく老いることができません。声は消え入るようで、骨格も筋肉も貧弱になり、姿勢が前かがみになってしまうでしょう。

第五章で述べた通り、〈拒絶による傷〉と〈見捨てによる傷〉を若い時に手当てしておかないと、あとで大変なことになるのです。あなたは、自分にそんな傷はないと思っているでしょうか。ところが違うのです。実際、若い時には、私たちはこの二つの傷の影響に気づくことはほとんどありません。というのも、若い時は、〈不正による傷〉と〈侮辱による傷〉が優勢になるからです。

事実、この二つの傷があるために、私たちは〈拒絶による傷〉と〈見捨てによる傷〉が引き起こす苦しみに気づくことができないのです。

ある人たちは、若いころにしたことばかりを話し、それができなくなったのが、どれほどつらいかと言います。たとえば、古い思い出を懐かしがり、貯金を使い果たすことを恐れ、歩くエネルギーが湧いてこないことを残念がるのです。そんなふうにして、不平不満を言い、過去に生きることによって、ますます〈拒絶による傷〉と〈見捨てによる傷〉を活性化させるのです。

老いてからそんな生き方をしたら、本当に苦しいでしょう。そうなるのは、彼らの〈傷〉が癒されるどころか、さらに活発になっているからなのです。そんな人たちに会った時、私たちは、彼らを気の毒に思うことくらいしかできません。そして、彼らが、やり残した仕事をやるために、もう一度地上に転生しなければならないことを考えて、自分は絶対に仕事をやり残さないようにしようと決意することになるのです。

一方で、意識化のワークをしたり、自己啓発に取り組んだり、そうした内容の書籍を読んだりしていないのにもかかわらず、七〇歳を越えて、とても幸せな人生を送っている人たちもいます。そうした人たちは、何があっても楽しそうにしており、数多くの活動を行ない、体が疲れたら休息します。

彼らの場合、長い転生の過程ですでに知恵を獲得しており、今回の人生で得た観察力と決意のおかげで、自己を統御する能力を身につけているのです。

実際、彼らと話をした時、彼らは、私の言うことを注意深く聞き、そして本能的に理解してくれました。彼らからの質問は、私が日ごろ教えていることに関連していました。彼らを見ていて、考え方や生き方を変える必要がなければ、やがてどんな魂も地上に生まれてこなくなる、ということが、とてもよく分かりました。

私がここで扱いたい、もう一つの主題は、「引退」に関するものです。もしあなたが、仕事を引退しさえすれば、くつろいで幸せになれる、と考えているとすれば、それは間違っています。引退前に幸福でなかった人が、どうして引退後に幸福になれるでしょうか?

あなたのエゴは、それまでとは違う方法を使って、相変わらずあなたに恐れや否定的な感情を感じさせるでしょう。エゴに私たちの人生を支配させる限り、人生が次の段階に移行したからといって、エゴが急に消えるはずはありません。エゴに決定権を渡している限り、エゴは私たちの人生を支配し続けるのです。

若い時、私たちは、成長に伴う恐れや否定的な感情を経験します。でも、やがて、私たちの魂は新しい環境に慣れていきます。次に思春期がやってきて、ふたたびさまざまな問題に直面するでしょう。さらにあなたは、結婚して、子どもを持つかもしれません。人生の最後の段階では、孫を持つこともありえます。こうした人生のあらゆる段階で、私たちは否定的な感情を持つのです。自分の内面を変えない限り、私たちはこうした問題から解放されることがありません。この点に関しては、あらゆる人が平等なのです。

私は、本書において、同じことを繰り返し述べているのを自覚しています。そうすることによって、あなたが「実際に」それを体得してくれることを願っているからです。そこで、次のことをまた繰り返し言っておきましょう。

あなたがエゴに人生の支配権を渡すと、あなたは〈センター〉から外れてしまいます。そして、その結果、あなたのエネルギーは正常に流れなくなってしまうでしょう。そうなった場合、肉体、感情、精神の活動を満たすために、あなたは、それまで蓄積されていたエネルギーを消費しなければならなくなります。

真の変化が起こるのは、あなたが問題を〈意識化〉し、解決策を発見し、行動に移し、考え方と振る舞い方を変えた時なのです。解決策が外から来るのを待っている限り、変化は決して起こりません。

あなたが予想もしなかった困難な状況に直面した場合、執着を手放すことが大切です。あなたがなぜ、そのような状況を引き寄せたのかが分からなくても、問題ありません。執着を手放すには、次の三種類のフレーズの、いずれかを繰り返しとなえてください。

- 人生は完璧です。いつの日か、どうしてこれが私の人生に起こったかが分かるでしょう。
- 私の〈内なる神〉は、私よりもよく、私のニーズを知っています。
- いつもやってくるのは、必要なことだけです。

これらのフレーズをとなえる時、今の状況は好きではないが、私が次の段階に行くためには、どうしても必要なことなのだ、と考えましょう。その状況を受け入れた瞬間、あなたは、内なる光、そして、愛に満たされたあなたのハートに、ごく自然に近づいていくのです。その時、あなたは驚くべきことを体験し、前進することが可能となるでしょう。あなたは、なぜ、その状況またはその人物を自分が引き寄せたかを理解し、解決策が自動的にあなたに示されるのを経験します。

もしあなたが〈意識化〉を拒否するなら、あなたは怒りや否定的な感情にさらされ続け、「これは不当だ！」と叫ぶはずです。そして、似たような状況があなたの人生に繰り返し現われるでしょう。エゴが相変わらず人生を支配し続け、あなたはセンターから外れて、心の〈闇〉の中にとどまり続けるのです。あなたは〈光〉を体験することができません。

私は今、〈闇〉と〈光〉という言葉を使いました。というのも、あなたのハートは、比喩的に言えば、あなたという存在の〈太陽〉だからです。一方、エゴは〈闇〉であると言えるでしょう。あなたがどちらの声を聞くかによって、あなたは、光をともすスイッチを押すか、光を消すスイッチを押すのです。

ハートの声を聞いてセンターに戻るたびに、あなたは直観とつながり、あなたの自然なエネルギーを得ることができるでしょう。その結果、エゴの影響を受けることがなくなり、さらにさまざまな〈傷〉の影響も受けなくなります。

この本の中で、エゴについて数多く語ってきました。そもそも私は、ワークショップにおいても、著書の中でも、しばしばエゴについて語っています。私が繰り返し語るのは、あなたにエゴを管理する方法をしっかり身につけてほしいからです。そうすれば、やがてエゴはあきらめて、あなたを支配することをやめるでしょう。

エゴというのは、あなたが本当に長いあいだ作ってきた、あらゆる〈思い込み〉の総体なのです。エゴはあなたを助けていると信じていますが、それは事実ではありません。というのも、エゴは、私たちの本当のニーズを知らないからです。

多くの人たちが、ETCの教えを繰り返し思い出す必要があると言っています。そうしないと、エゴがどれほど私たちの人生に影響を与えているかを忘れてしまうからです。

では、次に、エゴを管理する方法を二つ、お教えしておきましょう。

最初の方法は、あなたに苦痛を与えている状況を利用して、エゴがあなたに知ってほしくないと思っている、本当のニーズを発見する方法です。それを達成するための手段が、次に掲げる「ニーズをブロックしている〈思い込み〉を発見するための解読」と呼ばれるものです。

①時間を充分かけて、その状況があなたに経験させている、恐れ、罪悪感、怒りといった負の感情をじっくり味わいましょう。

②この状況があるために、あなたが現在手に入れられないこと、できないことは何かを特定しましょう。

③この状況があるために、あなたがどう〈在る〉ことができないかを特定しましょう。

④前の③で答えた内容が、あなたの魂のニーズを表わしています。それは、あなたの人生計画の一部であり、それが、あなたが今回地上に生まれてきた理由の一つなのです。そうで〈在る〉ことを自分に許しましょう。あなたは、自分の魂が望むように〈在る〉ことができるのです！

⑤なぜエゴは、あなたがニーズを聞くのを望まないのかを理解するために、この状況で、もしあなたが望むように〈在る〉ことができたとしたら、どんな不愉快なことが起こるだろうかと自問してみましょう。

⑥その答えが出たら、あなたはそう〈在る〉ことによって自分をどう裁くか、あるいは、他人からどう裁かれるのを恐れるか、突き止めましょう。

以上で、あなたは、エゴの真の〈思い込み〉を発見することができました。つまり、「③であることによって⑥になる」ということです。

ここでは、なぜそんな〈思い込み〉を持っているのか、と問う必要はありません。というのも、私たちの〈思い込み〉には、しばしば根拠がないからです。それは、はるか以前に作られたために（たとえば何回か前の転生の時）、それがいつから存在するかを知ることは、まず不可能なのです。あなたが知るべきなのは、**なぜエゴがあなたのために恐れを持つか**ということだけです。

エゴは、もしあなたが困難な状況に直面すれば、あなたの〈傷〉のいくつかが活性化し、その結果、あなたは苦痛を管理できなくなるだろう、と思い込んでいるのです。

あなたのエゴは、常に過去の中で生きています。あなたはもう、その状況を初めて経験した時のあなたではない、ということが、エゴにはどうしても理解できないのです。

思春期に、失恋をして大きな痛手をこうむった時のことを覚えているでしょうか？　それは当時、本当に深刻な経験だったと思います。ただし今は、それを思い出して、笑うことができるでしょう。今になって考えてみれば、それはあまりたいしたことではなかったのです。一方、エゴには、そうした内省は不可能です。あなたが感じた苦痛をそのまましっかりと記憶に刻み込んでおり、他の状況を想像することさえできません。

しばしば、批判されることを恐れている、まさにそのことが、私たちの人生に、自分でも気づかないうちに起こってきます。あなたが、本当はそうで在りたくない〈在り方〉をしている時（先ほどの⑥で答えた内容）、誰かに批判されるということはありませんでしたか？　もし答えが「ノー」であるなら、身近な人に、あなたが「そうだった」時、あなたを批判したことがないかどうか、聞いてみてください。この時あなたは、相手から「イエス」という答えを聞く、心の準備をしておきましょう。そして、そういう場合でも、自分を正当化することなく、相手の答えをそのまま受け入れましょう。むしろ、あなたが〈意識化〉するための手伝いをしてくれたことに対して、お礼を言うとよいでしょう。

こうしたエクササイズをすると、否認をすればするほど、私たちは自分のある面を見ることができなくなる、ということが、よく分かります。否認をすればするほど、その見たくなかったものに、私たちはなってしまうのです。このエクササイズは私たちに、もっと謙虚になる機会を与えてくれます。その結果、エゴが力を失っていくのです。

エゴを管理するもう一つの方法は、エゴと対話をすることです。エゴは、多くの関心を欲しがっていますので、あなたがエゴに話しかけると、とても喜ぶのです。それによって、エゴはあなたの決心を受け入れやすくなるでしょう。エゴと対話をする時は、あなたのためを思って恐れを感じている、身近な人と対話しているイメージを持ってください。その人が、あなたが目標に達するのを思いとどまらせようとしているのです。

その人に、軽蔑的でない、むしろ中性的な名前をつけてください。私の場合は「ムシェット」と名づけました。以下の言葉を、名前を何度も繰り返しながら、その人にかけてあげてください。以下に例として、私のエゴの名前を使って呼びかけてみます。

ムシェットさん、私がいま○○を必要としていることに、あなたが反対するのは知っています。というのも、そうすれば、あなたは、△△が私にやってくるだろうと思っているからです。

ムシェットさん、あなたが私を助けようとしているのは知っています。でもね、私がしたいことを私にさせてほしいのです。そして、心配しないでいてほしいのです。私を苦しみから遠ざけたいと思っているのは知っています。でも、私のニーズを無視することは、結果的に私を苦しませることになるのです。

ムシェットさん、私がこのまま望むものを手に入れようとすれば、あなたが私のために恐れていることが起こるかもしれません。でも、選択の結果を受け入れる用意が、私にはできています。私は今、自分が充分に強いと感じていますから。そして私は、自分に対して、思い通りに〈在る〉権利を与えたいと思っているのです。

ムシェットさん、私を助けようとしてくれてありがとう。でも、もう私は大人なので、どんな状況にも直面できると確信しています。だから、ムシェットさん、あなたはもう、休んでいてください。

以上の二つの方法は、多くの〈思い込み〉から私を解放し、本来のエネルギーを持ち続けるのに大変役立ちました。ですから、それをぜひ、あなたのためにも役立てていただきたいのです。私はあなたに、このままエゴに支配されて、あなたの最期の日まで同じシナリオを繰り返すようなことを、していただきたくないのです（前著『五つの傷　癒しのメッセージ』において、私はエゴについて、もっと詳しく語っています）。

もし、あなたが本来のエネルギーを取り戻し、老いを遅らせたいのなら、人間関係の問題を解決することが、とても重要です。以下に紹介する「道具」は、素晴らしい結果を与えてくれるでしょう。さらにまた、年が経つにしたがって、効果がますます早く出るようになってきました。水瓶座の時代のおかげだと思います。

人々は、もう同じ問題を繰り返したくない、そのために何かしなければ、と思うようになってきているようです。このような、集合的エネルギーも作用しているのです。事実、他者と仲良くする人たちが増えれば増えるほど、私たちにとって愛の中を生きるのが容易になるでしょう。だからこそ、すでに数冊の本で書いてきたにもかかわらず、私はここで、自分自身および他者と仲直りするための、和解と許しを可能とする「道具」について、お話ししたいのです。

これから提供するのは、ニーズをブロックしている〈思い込み〉を発見するために紹介したこれまでのテクニックとは、多少、異なっています。これを、《鏡そして和解のテクニック》と呼んでください。

ここでは、自身が七〇歳になった際に、私に助言してほしいと言ってきた、ある友人の例を使わせていただきましょう。彼女はアメリカで暮らしており、私は彼女としばしば会えるわけではありません。彼女には、二人の娘と二人の息子がいます。現在四〇歳を過ぎる一人の娘と、うまくいっていないということでした。私には、ずいぶん前から否定的な感情にさらされてきたことが容易に想像できました。以下が、質問と返答という形でなされた私たちの対話の記録です。

質問　彼女とのあいだでどんなことが起こるのか、例を挙げていただけますか？

返答　娘はよく電話をしてきて、自分のことを私に話します。一カ月前に、電話で彼女と話をしている時、二日後にちょっとした手術のために入院することになっている、と告げました。しかし彼女は、手術の理由を尋ねることさえせずに、そのまま自分のことを話しつづけたのです。私はあまりにもあっけにとられたので、言葉を失ってしまいました。その後、手術がどうなったかを尋ねる電話さえありませんでした。

質問　その時あなたは、どんなふうに感じましたか？

返答　失望して悲しく、拒絶されたと感じました。私のことなんてどうでもいいんだと思い、怒りに駆られました。

質問　どんな状況で、自分のために何を恐れますか？

返答　ある日、自分をコントロールできなくなり、後悔するに違いない言葉を娘に対して発してしまうことです。そのために、関係がさらに悪化することを恐れているのです。今でさえ、電話で話すのをなるべく少なくしているくらいですから。自分は母親失格だったのではないかと恐れています。娘から、さらに拒絶されることが怖いのです。

質問　あなたは娘さんを、どういう理由で批判し、責めているのですか？

返答　私が娘のためにしたことのすべてに無関心だからです。しかも不当です。そして、自己中心的で――彼女は自分のことしか考えません――、恩知らずだからです。

質問　あなたの娘さんが、あなたと同じ理由で――つまり、あなたが無関心、不当、自己中心的、恩知らずだということで――、あなたを非難したかもしれない状況というのは、考えられますか？

（ここで、エゴは最も抵抗します。というのも、非難している相手と自分が同じであるということを、エゴは受け入れられないからです。間違っているのは相手だけだと確信しているのです。私は、彼女の気づきを助けるために、さらに人生の他の領域についての質問をしました。何分か考えたあとで、彼女は、ついに気づいたのです）

返答　そういえば、五〇代なかばで私と夫が仕事を引退した時、娘がまったく同じ理由で私を非難したかもしれません。私たちはキャンピング・カーを買って、アメリカの南部に行きました。それ以来、冬になると毎年そうしています。つまり、一年のうち六カ月は、そうやって出かけているということになります。でも、私たち夫婦はずいぶん前からそれを計画しており、そのための費用を貯金するために、本当に節約したんですよ。その二人の夢が実現して、とても嬉しかったんです。子どもたちは全員、二一歳以上になっていたので、問題はまったくないだろうと考えていました。

（彼女は、感極まって涙を浮かべていました。それから、また話し始めました）

返答　娘は、私たちがやったことを、許していないと思います。私たちは、その計画について、子どもたちに一度も話したことがありませんでしたから。私たちが南部から戻ってくるたびに娘が自分のことばかり話そうとするのも、たぶんそのせいなのでしょうね。

質問　あなたとご主人が引退を決めた時、娘さんを苦しめようという意図はありましたか？

返答　いいえ、私も夫も、そのようなことはまったく考えませんでした。私たちは、子どもたちを本当に愛しています。彼らを傷つけようなんて思うはずがありません。娘が、私をそれほど必要とするとは、夢にも思わなかったのです。また、私との関係で、娘が否定的な感情をたくさん持つことになるなんて、想像さえできませんでした。

結論として、私は彼女にこう言いました。「私たちは常に、自分の意図に応じて〈収穫〉を得ます。したがって、あなたと同じ経験をしている娘さんも、自分のことを絶えず話すことであなたが否定的な感情を持つとは、思わなかったのです」

そして、次のように付け加えました。「あなたは、和解を完成させるための、最終的な段階に差しかかっています。娘さんに会って、いま発見したことを話してあげてください。今回のことがあったために、自分もまた、時には、無関心、不当、自己中心的、さらには恩知らずな人間だと見なされることがある、ということが分かった、と」

以上の私の提案を聞いて晴れやかな顔をしているので、彼女が自分を受け入れたことが分かりました。この、自分を受け入れるということが、最も大切な段階なのです。今回の対話は、この段階に至るためになされたものです。この段階こそが、状況を変えるためには不可欠だからです。

さらに、分かち合いをする際に忘れてはならない点が、もう一つあります。それは、当事者のいずれにも、非難の気持ちがあってはならない、ということです。相手のおかげで発見できたことを、ただ分かち合うのです。そして、相手からの許しを求めてはならないし、自分からも、相手を許すと言うべきではありません。そのように振る舞うと、エゴを増長させることになり、真の〈受容〉ではなくなってしまうからです。相手を思いやる気持ちだけで動く必要があるのです。

このエクササイズは、すべての質問を自分で自分にすることによってもできます。しかし、その場合は、エゴが介入してきて、違う返答をする可能性があります。ですから、この種のエクササイズに慣れていない人は、私が友人に対して行なったように、誰か別の人に質問してもらった方がいいでしょう。発見したことを分かち合いに行くのも、その方が容易になると思います。

相手を抱きしめて、相手の中にある子ども時代の苦しみを感じ取ることができたら、本当にその人を受け入れた、ということが分かるでしょう。この和解は、エゴにとって非常に難しいものですが、私は誰に対しても強く勧めます。というのも、人間関係を改善するために私が教えているあらゆることの中で、これほど効果的な「道具」はないからです。

数カ月後にこの友人に会った時、彼女は幸せそうに顔を輝かせながら、こう言いました。「今では、私と娘は大の仲良しなんですよ！」

娘さんが彼女に自分のことばかり話したのは、「ママ」から愛されていると感じたかったから、とのことでした。娘さんもまた、二人の関係の中で、自分が拒絶されていると強く感じていたのです。「現在では、娘よりも私の方が、たくさんしゃべるようになったんですよ」と、笑いながら彼女は言いました。

彼女はさらに、自分の話し方や振る舞いに、それまでよりもずっと注意を払うようになり、その結果、相手が、自分を、無関心、不当、自己中心的、恩知らず、と感じている時には、それが分かるようになった、でも、それで人間関係が悪くなるわけではない、と言いました。彼女は、自分を受け入れたのです。私たちが本当に自分を受け入れているかどうかは、相手が私たちを受け入れて、罪悪感を抱かせたり、変えようとしたりしなくなった時に、初めて分かるものです。自分の態度の良い面も悪い面も、同様に受け入れることが大切なのです。

もし、友人が私に助けを求めなかったら、そして、心を開いて私と一緒に和解のエクササイズを行なわなかったら、今でも彼女は、娘さんとのあいだで否定的な感情を味わっていたはずです。この和解は、彼女と娘さんにとって本当に素晴らしい贈りものとなりました。彼女とご主人は、現在では八〇歳を越えていますが、二人とも、すごく幸せそうで、活動的に生きています。

このエクササイズを実践して、その結果がどんなに素晴らしいものであるかを知った人たちは、繰り返してこのエクササイズを行ないます。私も、四〇歳の時からずっと実践しており、現在でも、それまで気づいていなかった自分のエゴの一部を発見し続けています。おかげで、エゴが引き起こす居心地の悪さ、そして〈仮面〉の活性化は、それほど長く続かなくなりました。というのも、このエクササイズをするのが、とても容易になってきているからです。

人生の不確実性を制御できるようになるというのは、なんと幸福なことでしょう。そのおかげで私は、エネルギーを消耗せずに、豊かに使うことができているのです。

もしもあなたが、喜びにあふれて、情熱的に、健康的に、誇りを持って生きたいのであれば、また、他者との良好な関係を維持したいのであれば、あなたの人生に生じてくるさまざまな変化を受け入れて、それらを享受することが大切です。さらに、充実した人生を過ごすために、「ワオ！」と思えるような目標を、いくつも持ってください。そうすれば、やがて、思い残すことなく、この世を去ることができるでしょう。

老後に備えてせっせと貯金はするのに、生き方を何も変えようとしない人たちが多すぎます。そんなことでは、いざ仕事を引退した時に、病気になったり、すべてに恐れを抱く――テロが怖かったり、飛行機に乗るのが怖かったりする――せいで、お金の使い道がなくなってしまうでしょう。そして、多くの素晴らしい経験をすることなしに、後悔に満ちた老後を過ごすことになるでしょう。

夫のジャックが病気になった時、夫と私は、医者から後悔していないかどうか聞かれました。もう医学的には何の処置もできないこと、内面のワークを行なうにも、その余力が夫に残っていないことを知った時、その状況について時間をかけて話し合いました。その結果、一緒に住んだ三〇年のあいだ、本当に満たされた生活を送ったこと、思い残すことは何もないということを確認し合いました。

それをやらなかったせいで後悔しているということは、一つもありませんでした。二人にとって、そのことは本当に素晴らしい発見でした。その結果、私たちは、病気を受け入れることが、より容易になったのです。

特別養護老人ホームへの引っ越しも、何の支障もなく行なわれました。その上、彼は看護師やスタッフから、とても好かれました。なぜなら、彼は本当に優しくて、いつも微笑んでいたからです。もう、何を言っているかほとんど分からないのですが、それでも彼と一緒にいると幸せになるのです。

もし、一週間後に死ぬことになったとしたら、あるいは、事故で体がひどく不自由になったとしたら、あなたは後悔するでしょうか？　そうなったら、その時は生き方を変える、とあなたは考えるでしょうか？　もし答えが「イエス」なら、あなたは自分のニーズに耳を貸していません。

これ以上、待つ必要はありません。今すぐ、あなたのニーズを聞いてください！

今日できることを、明日以降に延期しないでください。今すぐ行動に移しましょう！

人生は短く、未来はどうなるか分かりません。ですから、今という瞬間を、思い残すことなく生きましょう。人生それ自体が、私たちへの贈りものなのです。

私に関して言えば、私は、人生がもたらしてくれた大きな幸福に感謝していますし、現在では不動のものとなった信仰を、絶え間なく育んできた自分自身にも感謝しています。私が必要とするものが常にやってきますので、もう私は〈宇宙〉に何も要求しません。もちろん、だからといって、私が願望を持っていないわけではないのです。現に、今だって、次のバカンスの準備をしています。冬になると、太陽の光を求めてバカンスに行き、私の精神に休息を与えます。それは私のニーズなのです。私の願望のほとんどが、ただちに実現します。もしそうでない場合、もっと良いことが待っているのを私は知っています。

若さとエネルギーを保ちつつ年を取るためのあらゆる方法を、この本の中で語ってきましたが、巻末に、それらをリストにして載せておきました。それらを実行するには、時間がかかって、努力も必要だと思われるかもしれませんが、もしそれらがもたらす恩恵を知ったとしたら、あなたは絶対に考え方を変えるでしょう。あなたがそれをするのは「あなた自身」のためであって、他の誰のためでもないのです。

自分への愛のために新たな行動をすればするほど、あなたは人生がますます良くなるのを見るでしょう。変化は避けがたい以上、何を良い方向に変化させるかは、あなた自身で決めましょう。意識化が充分でなかったために、自分が本当に望むのとは反対の方向に進んだとしても、そういう自分も受け入れてください。自分を批判するのではなく、より意識的になれた自分に感謝しましょう。

自分にたくさん愛を与えてください。そうすれば、それに見合った分だけ、他の人たちからも愛を与えられるでしょう。
最後に、私の大好きな「青春」という詩を掲げておきます。

青春

青春とは、人生のある時期のことではなく、精神のあり方のことである。
強い意志、豊かな想像力、燃えるような情熱を指す。
臆病さに打ち勝つ勇気、安逸ではなく冒険を選ぶ若々しい心のことである。

年を取ったから老いたというのではない、理想を失った時に人は老いるのだ。
年月が経てば、おのずと肌に皺が寄る。
しかし、理想を捨てた時、魂に皺が寄ることを知っているか？

心配、疑念、恐怖、絶望は、あなたを地面に打ち倒し、
あなたは、死んでもいないのに、塵芥《ちりあくた》になるだろう。

青春とは、あらゆることに驚き、あらゆることに感動する心のこと。
幼な子のように、何にでも好奇心を持つ心のことである。
あらゆることに挑戦し、人生のゲームに喜びを見出す心。

信仰を持つ限り、あなたは若い、疑念に捕われれば、あなたは老いるであろう。
自信を持つ限り、あなたは若い、希望を持つ限り、あなたは若い、
落胆すれば、あなたは老いる。

美しいもの、善きもの、偉大なものを常に感じ取れ。
自然、人類、無限からのメッセージを受け入れよ。

ある日、あなたの心が悲観主義に満たされ、
あなたが世の中を斜めに見るようになった時、
ああ、神が、その老いさらばえた魂を
必ずや憐れみたまうだろう。

＊本書で紹介した具体的な方法のリスト＊

第一章

◆老いたと思うかどうかは、年齢とは関係ない。
◆常に新しいことを学ぼうとし、活動的であり続ける。
◆情熱を持ち続ける。
◆不愉快な状況を引き寄せたら、次のように自問する。「私の生き方を困難にする、この状況、あるいは、この人物を引き寄せたのは、私の心の中の何なのだろうか？」

第二章

◆責任を取る。
◆約束をする。あるいは約束を解消することを自分に許す。
◆手放すことによってエゴの支配を逃れる。

◆自分が良い面と悪い面を持っているということを受け入れ、自分を愛する。つまり、自分に対して「人間」であることを許す。
◆肉体、感情、精神のバランスを取る。
◆より意識的になる方法を見つけ、それを実行する。ＥＴＣが提供する方法を実践してみる。
◆良いと思われることは、すべて実践する。
◆しばしば、特に眠る前に、感謝をして、「ありがとう」と言う。
◆朝起きたら、自分に「今日の人生からの贈りものは何だろうか、早く見てみたい！」と言う。

第三章

◆老いることに関する、自分の〈思い込み〉を変える。
◆老いることに関する恐れが「現実的」なものであるかどうかを検証する。
◆実現したいことを、特に、恐れや疑いを持った時に、ありありと心に思い描く（ビジュアライゼーション）。
◆自分は、あらゆることを創造している。望むものを創造しているか、それとも望まないものを創造しているか、しっかり自分自身に尋ねてみる。

第四章

◆自分に対する愛の行為は、すべて本来のエネルギーを保ち続けるための行為となる。
◆自分のインナー・チャイルドの振る舞いをしっかり観察して、自分の心の状態を意識化する。
◆〈物質体〉〈感情体〉〈精神体〉、それぞれの世話をして、自分の調和を保つ。
◆自分が何を望んでいるのかを、今すぐはっきりさせる。
◆食品はビオ（オーガニック）にする。
◆アルカリ水を使って料理をする。
◆酸素水を加えた水を、一日に二リットル飲む。〔本文の訳者注を参照〕
◆レモンやミカンを絞って入れるなどして、水を活性化させる。
◆他の飲みものを飲む際は、水と交互に飲む。
◆消化と排泄を助けるため、たんぱく質と糖質は別々に食べる。
◆甘いものを食べるのは、食事をして少なくとも二時間が経ってからにする。食事中は、果物も含め、甘いものは食べない。
◆食事を抜かない。六時間以上、食べないでいることのないように。
◆消化不良が起こった時は、次のように自問する。「私は何を、あるいは誰を〈消化〉できずにいるのだろうか?」

◆時に食べ過ぎても、自分は「人間」なのだから、と考えて、それを許す。罪悪感を持つと、消化不良となる。あるいは太る。

◆肉体の世話、プチ断食、肝臓のデトックスなどによって、毒素や酸を排泄する。

◆シャワーを浴びて、エネルギー体をきれいにする。

◆週に、少なくとも三日か四日は散歩する。

◆起きたら、体のエクササイズをする。

◆毎晩、どれくらいの時間眠るかは、体にまかせる。

◆体が要求したら、時間をとって休む。

◆定期的に自分に楽しみを与える。その際、他人が提供してくれるのを待つべきではない。

第五章

◆行動に移して、意志の筋肉を鍛える。

◆ストレスの原因は、外部の出来事ではないことを確認する。ストレスの原因は、自分の「心のあり方」である。

◆常に、家族や、友人たちや、愛する人たちとの活動を企画する。

◆一日に、何度も、次のように自分に言い聞かせる。「それが二分以内にできるなら、今すぐやろう！」

◆罪悪感を持つのではなく、責任を引き受ける。

◆私が出会う人は、どの人も、私をよりよく知るための手がかりとなる。

◆相手の反応を見れば、私が自分を受け入れているかが分かる。

◆身近な人たちの健康と病気の責任は、私にはない。

◆愛情面で自律すること。相手が私の要求に「ノー」と言っても、それは相手が私を愛していないということではない。

◆身近な人たちとのあいだで、あらゆる領域において、明確な合意を形成しておくこと。

◆あらゆる手段を使って、美しいものに囲まれて生きること。

◆相手が自分とは違うニーズを持っているということを受け入れる。

◆私が罪悪感を持っていなければ、相手が私に罪悪感を抱かせることはできない。

◆さまざまな感情、恐れ、願望などについて、直接会って話のできる友人を、少なくとも三人は持つこと。

◆パートナーとの関係において、責任をしっかり引き受け、すべてを分かち合うこと。そうすれば、愛情面でも経済面でも自律することが可能となる。
◆気前よくして、見返りを求めない。
◆理想的な完璧主義者ではなく、現実的な完璧主義者になる。
◆時には自分が不当に振る舞うことを許す。
◆何かの決意をするたびに、それが恐れに基づいているのか、それとも愛に基づいているのかを、時間をかけて確かめる。
◆相手に同意しないとしても、相手を尊重する。
◆自分が行なっている否認は、〈拒絶による傷〉から来ていると意識化する。
◆できるだけ頻繁に、「私はどう感じているだろうか?」と自分に聞き、また相手にも、「あなたはどう感じていますか?」と聞く。そして、それを誠実に分かち合う。
◆相手の感じていることを共感しながら聞く。しかも、相手の問題を解決しようとしない。
◆相手がどう感じているかを聞くのは、相手を尊重しており、相手に関心を抱いているからである。ただし、そのためには、相手の話を反発せずに聞かなければならない。
◆自分の気持ちや他者の気持ちを知ろうとしないことは、〈否認〉と呼ばれる。そして、この否認は、あらゆる重篤な病気の原因となる。

◆自分の願望は何か、そして、それをいつ実現すべきなのかを知るために、自分の内部において、〈女性原理〉と〈男性原理〉を調和させる必要がある。
◆自分の望むことに対して「ワオ!」と感じるかどうか確かめる。その感じが強ければ強いほど、それは自分の人生計画の大切なニーズに応えている。
◆自分の望むことと、恐れとの関係を明確にする。それが実現することを恐れるのか、それが実現しないことを恐れるのか。
◆自分の望むことが、〈在る〉レベルで自分に貢献するのか、〈感じる〉レベルで自分の役に立つのか、はっきりさせる。
◆なすべき計画を立て、それを実行に移す。たとえ、結果に確信が持てなくても。
◆ノートを用意して、「なすべきこと（ただし緊急ではない）」を、すべて書き出すこと。期限は特に決まっていないが、いつかはやらなければならないこと。
◆前日の夜に、翌日の計画に目を通し、眠っているあいだに心の準備ができるようにする。
◆何かをするのに、時間が充分にない、とは考えない。それは、自分のためにするのであり、他人のためにするのではない。

◆緊急になすべきことが重なった場合、それらにはっきりと優先順位をつける。そうすれば、ストレスから解放される。
◆どうすればそれが可能になるのかは分からないが、私は時間を「引き延ばす」ことができると知る。
◆働きながら、何の不安も恐れも持たないで観察者の立場に入れるように、瞑想を習慣にして、すぐ瞑想状態に入れるようにする。
◆自分に限界があることを知り、しかも、罪悪感を持たずにそれを受け入れる。
◆精神を使い過ぎた時は、何らかの運動をして心をほぐす。
◆肉体が疲れた時は、軽い読みものを読んで楽しく過ごす。
◆仕事中に生じた人間関係を手際よく解決する。
◆仕事中に限界に達した時は、そのことを自分に許して、他のことをするようにする。
◆二つの方向に思いが引き裂かれた時は、恐れに基づいていない方を選択する。「ワオ！」と思えるニーズを聞く。
◆ストレスに直面しても、自分の望むことを思い出し、その瞬間の恐れを冷静に観察する。
◆債権者に支払いできる幸福をかみしめつつ、彼らの貢献に感謝する。そうすれば、さらなる繁栄を呼び寄せることができる。

◆問題に直面した時は、立ち往生しないで、ただちに「どう解決すればいいのか」と、みずからに問う。その方法がうまくいかなければ、次の方法を考え出す。
◆毎日、誇りに思えることを数え上げる。それは、傲慢になることではない。

第七章

◆年を取ることを受け入れるのは、とても大切だということを理解する。
◆「受け入れる」ことと「あきらめる」ことは違う。
◆難しい状況に直面したら、それを改善するためにできることを、すべて書き出す。それが避けがたい状況なら、それを受け入れた上で、新たな対策を打つ。
◆目が覚めた時に、次のように自問する。「今日は、『ワオ！』と思える、どんなことをしようか？自分に幸せをもたらしてくれる、どんなことをしようか？」
◆自分より若い人たちと付き合うこと。
◆他の人がやってくれるのを待つのではなく、自分自身で、三つから四つの楽しい活動の計画を立てる。
◆いろいろな決意が、ハートから来ているのか、恐れから来ているのかを見極める。あるいは、身近な人から影響されていないかを確認する。
◆自分の人生の質を良くしてくれるかもしれない他者の考え方や提案に対して、心を開いておく。
◆問題を解決するのが遅くなりすぎる前に、他の人たちから異なる解決法を教えてもらう。
◆人間関係の問題を解決するために、ただちに《鏡の法則》を使う。
◆難しい状況に直面しても、人生は完璧である、常に必要なことしか起こらない、と考えて、とらわれを手放す。
◆ETCで教えられている二つの方法を使って、エゴを管理し、その影響から逃れる。①困難な状況の背後に隠されている本当のニーズを発見する。②自分のエゴに名前をつけて対話をする。
◆自分および他者と仲直りするために《鏡そして和解のテクニック》を使う。
◆たとえ一週間後に死ぬとしても、決して後悔しないということを確認する。私は、決して、やりたいことを先延ばしにしない。

◇著者◇
リズ・ブルボー（Lise Bourbeau）
1941 年、カナダ、ケベック州生まれ。いくつかの会社でトップセールスレディとして活躍したのち、みずからの成功体験を人々と分かち合うためにワークショップを開催。現在、20 カ国以上でワークショップや講演活動を行なっている。肉体のレベル、感情のレベル、精神のレベル、スピリチュアルなレベル、それぞれの声に耳をすますことで〈心からの癒し・本当の幸せ〉を勝ち取るメソッドは、シンプルかつ具体的なアドバイスに満ちており、著書は本国カナダであらゆる記録を塗りかえる空前のベストセラーとなった。
http://www.ecoutetoncorps.com/

◇訳者◇
浅岡夢二（あさおか・ゆめじ）
1952 年生まれ。慶應義塾大学文学部仏文学科卒業。明治大学大学院博士課程を経て中央大学法学部准教授。専門はアラン・カルデック、マリ・ボレル、リズ・ブルボーを始めとする、フランスおよびカナダ（ケベック州）の文学と思想。現在、人間の本質（＝エネルギー）を基礎に据えた「総合人間学（＝汎エネルギー論）」を構築中。フランス語圏におけるスピリチュアリズム関係の文献や各種セラピー・自己啓発・精神世界関連の文献を精力的に翻訳・紹介している。リズ・ブルボー『〈からだ〉の声を聞きなさい』シリーズや『ジャンヌ・ダルク 失われた真実』『光の剣・遥かなる過去世への旅』など訳書多数。著書に、『フランス文学と神秘主義』『ボードレールと霊的世界』がある。

いつまでも若さとエネルギーを失わない生き方

令和 2 年 6 月 27 日　　第 1 刷発行

著　者　リズ・ブルボー
訳　者　浅岡夢二
発行者　日高裕明
発　行　株式会社ハート出版
〒 171-0014 東京都豊島区池袋 3-9-23
TEL03-3590-6077　FAX03-3590-6078
ハート出版ホームページ　http://www.810.co.jp

ISBN978-4-8024-0096-1　印刷・製本 中央精版印刷株式会社